CUENTE LAS ESTRELLAS *en un* CIELO VACÍO

CONFÍE EN LAS PROMESAS DE DIOS FRENTE A LO IMPOSIBLE

MICHAEL YOUSSEF

PATMOS

Cuente las estrellas en un cielo vacío: Confíe en las promesas de Dios frente a lo imposible

Publicado por Editorial Patmos
Miami, FL 33169.

Publicado originalmente en inglés por Baker Books, una división de Baker Publishing Group. www.bakerbooks.com, con el título *Counting stars in an empty sky: trusting God's promises for your impossibilities*. © 2019 por Leacheal, Inc.

Traducido por Roberto Cabrera
Diseño de portada e interior por Adrián Romano

ISBN: 978-1-64691-106-6

Categoría: Vida cristiana / Iglesia

Impreso en Brasil | *Printed in Brazil*

Para John y Cindy Morris
con profunda apreciación por su confiable amistad
y acompañamiento en el evangelio.

Contenido

Introducción

Contar las estrellas cuando no podemos ver ninguna

Alguna vez se ha preguntado: ¿Dios me ha abandonado? ¿Todavía cumple sus promesas?

Alguna vez se ha preguntado: ¿Cuál es el plan de Dios para mi *vida?* o ¿Cuál es su plan para mis hijos?

Alguna vez ha suplicado a Dios en oración y luego se ha preguntado: ¿Por qué no responde? ¿Por qué se retrasa, *mes tras mes, año tras año*?

Alguna vez ha pensado: *¿Es un pecado sentir que Dios me ha dejado de lado y me ha olvidado? ¿Debería seguir confiando en Él?*

¿Alguna vez ha tratado de hacer la voluntad de Dios a su manera, con resultados desastrosos? ¿Alguna vez ha tratado de adelantarse a la voluntad de Dios y de acelerar sus tiempos?

¿Alguna vez ha querido un hijo propio tan desesperadamente que haría cualquier cosa, ¡cualquiera!, para hacerlo realidad?

Sin embargo, la puerta a la paternidad se ha cerrado en su cara y atornillado al marco.

Si usted puede identificarse con alguno de estos sentimientos y experiencias, entonces la historia de Abraham es para usted. Cambios en la historia, retos culturales, cambios tecnológicos, pero la naturaleza humana no ha cambiado desde que comenzó la raza humana. Somos los mismos bajo la piel. La historia de Abraham es su historia y la mía.

¿Qué tiene usted en común con Abraham, este hombre anciano y de fe del Antiguo Testamento? No mucho, ¿verdad? Después de todo, Abraham vivió hace cuatro mil años en medio de culturas extrañas y costumbres en una región distante del mundo.

¿Qué tiene que decir un hombre de su época a la gente que usa el Internet y los teléfonos inteligentes, que lucha con los ingresos, los impuestos y las deudas con tarjetas de crédito, que trabaja en edificios de oficinas y se queda atascada en el tráfico, que se preocupa por el terrorismo, la guerra y la crisis de la deuda internacional? ¿Qué hace un hombre de la era de Abraham para decirnos algo en pleno siglo XXI?

Y, sin embargo, a medida que estudiamos la historia de Abraham y su esposa Sara, encontramos que la vida del patriarca nos habla de manera sorprendente. De hecho, cuanto más nos acercamos a él, es más evidente en todos los sentidos que realmente importa, que es como usted y como yo. Su historia es la historia de su viaje de fe y el mío.

Abraham era un hombre de fe, y podemos aprender a vivir una vida de fe mediante el estudio de su historia. Era un hombre con defectos, así como usted y yo somos seres humanos defectuosos. Pecó, desobedeció, trató de forzar la mano de Dios y doblegar su voluntad, con resultados desastrosos. Sin embargo, a pesar de los pecados de Abraham y de sus imperfecciones, fue llamado «el amigo de Dios».

El momento crucial en la historia de Abraham, y la visión clave para nuestra vida, se encuentra en Génesis 15:5. Dios lleva a Abraham afuera por la noche y le muestra los cielos. «Mira ahora los cielos, y cuenta las estrellas, si las puedes contar. [...] Así será tu descendencia».

Cuando Dios llamó a Abraham de Ur de los caldeos y le prometió hacer de él una gran nación, Abraham tenía setenta años de edad, su esposa tenía sesenta años y no tenían hijos. Cuando Abraham dejó Harán para ir hacia la tierra prometida, tenía setenta y cinco años. Diez años después, cuando Abraham tenía ochenta y cinco, Dios renovó su promesa a Abraham y le dijo que su descendencia sería tan numerosa como las estrellas en el cielo nocturno. Dios invitó a Abraham a contar las estrellas; estas no solo simbolizaban a los descendientes de Abraham, sino también eran emblemas de las promesas de Dios y de la fe de Abraham.

En los años venideros, Abraham pasaría por momentos de oscuridad, tiempos en los que no había estrellas que ver. Él se preguntaría: ¿Dios me ha abandonado? ¿Mantendrá su promesa? ¿Cuál es su plan para mi vida, y para mis *hijos*? *¿Por qué no contesta mi oración? ¿Por qué el retraso?*

Sin embargo, Abraham no renunciaría a Dios, a pesar de que tuvo que esperar treinta años, más allá de su centenario, para que Dios le diera un hijo, el primero de esas «estrellas» que Dios le había prometido. A pesar de su desaliento y la tristeza de los años sin hijos, a pesar de la burla y el escarnio de sus vecinos, Abraham continuó mirando hacia el cielo. Él continuó contando estrellas, *incluso cuando no había estrellas para ver*.

En estas páginas, usted descubrirá los principios de la vida abundante de la historia de Abraham. Aprenderá a contar las promesas de Dios para usted, las muchas promesas que le ha dado en su Palabra. Dios nos ha hecho más de tres mil promesas en la Biblia, promesas de:

Vida abundante
Respuesta a nuestras preguntas
Garantía para nuestras dudas
Bendiciones para nuestra vida y nuestras familias
Consuelo en la tristeza
Compasión por nuestros sufrimientos
Confianza para nuestros desafíos
Coraje para tiempos peligrosos
Defensa de nuestros enemigos
Liberación de la tentación
Dirección para el viaje
Estímulo para nuestro cansancio
Vida eterna
Fe para el futuro
Perdón por el pasado
Libertad de las preocupaciones y la ansiedad
Amistad con Dios
Gracia para cada día
Orientación para nuestros planes
Sanidad de nuestras enfermedades
Ayuda en tiempos difíciles
Esperanza en tiempos de desesperación
Herencia que nunca se desvanecerá
Gozo en tiempos de dolor
Justicia cuando nos han hecho daño
Amor que nunca falla
Misericordia que nunca se agota
Paz que sobrepasa el entendimiento

Placeres eternos
Fuerza ante todo problema
Presencia de Dios
Protección contra los peligros
Provisión para nuestras necesidades
Refugio en tiempos difíciles
Rejuvenecer ante el desfallecimiento
Rescate cuando pedimos ayuda
Descanso y restauración para nuestras almas
Recompensas por el servicio obediente
Salvación por gracia a través de la fe
Satisfacción que es profunda en el alma
Refugio en el momento de la tormenta
El éxito por los planes que nos da
Victoria sobre obstáculos y oposición
Vindicación ante acusadores
Sabiduría cuando lo invocamos

Estas son solo algunas de las promesas que nos hace. Estas son las promesas que Dios nos ha dado en su Palabra. Estas son las estrellas que Dios nos ha dado para contar. Dios le dijo a Abraham que contara las estrellas aun cuando pudiera no verlas. Y Dios nos dice a usted y a mí que contemos las estrellas de sus promesas, incluso cuando la noche esté oscura y sin estrellas, aun cuando nuestras circunstancias nos asedian como un espectro de una pesadilla.

Al caminar junto a Abraham a través del viaje de su vida y su fe, veremos su confianza en Dios fallar de vez en cuando, así como tan fácilmente flaqueamos nosotros en la propia fe, y a la vez observaremos su aprendizaje y su crecimiento en la fe y la obediencia. Vamos a ver que Dios lo levanta con paciencia, como si nada hubiera pasado, y lo pone de pie de nuevo. Y aprenderemos cómo seguir avanzando y en ascenso con Dios, cómo seguir contando estrellas cuando no podemos ver ninguna.

¿Cuáles son las estrellas que Dios le pide que cuente hoy? Es posible que usted no logre ver esas estrellas en la oscuridad de sus circunstancias, pero al igual que Abraham, puede contar con ojos de fe.

Que el testimonio de Abraham sea el suyo también. Su fe no era en vano, y tampoco la suya. Como Hebreos 11:12 testifica: «Por lo cual también, de uno, y ése ya casi muerto, salieron como las estrellas del cielo en multitud, y como la arena innumerable que está a la orilla del mar».

¿Qué tenemos en común con este hombre de fe del Antiguo Testamento? ¡Todo! Acompáñeme mientras vamos cuatro mil años atrás en el tiempo para encontrar un ser humano de carne y hueso como usted y yo, que falla, pero que también crece y nos muestra cómo podemos contar las estrellas de las promesas infalibles de Dios, incluso en los tiempos oscuros de la vida.

1

Siete promesas

¿Alguna vez ha intentado contar las estrellas?

El astrónomo grecorromano Claudio Ptolomeo, que vivió en Alejandría, Egipto, en el siglo II a. C., fue el primer científico en catalogar las estrellas visibles en el cielo nocturno. Su libro *Almagesto*, traza la posición de 1022 estrellas, todas las que Claudio Ptolomeo podía ver.

Casi mil cuatrocientos años después de Claudio Ptolomeo, el astrónomo danés Tycho Brahe, descubrió un error en la obra de su colega, y decidió hacer un registro nuevo y más preciso de las estrellas. Tycho fue una paradoja andante, un científico con una mente disciplinada y lógica, que también fue conocido por sus extremos emocionales. Como estudiante universitario, se enfureció por un comentario que hizo su primo, y combatieron en un duelo de espadas en la oscuridad. El primo dio un golpe que arrugó la frente de Tycho y le cortó la nariz, y Tycho usó una nariz hecha de latón por el resto de su vida.

Tycho comenzó a registrar sus observaciones nocturnas de las estrellas en 1563. El telescopio aún no se había inventado, pero él usó los aparatos de medida más precisos de su era para trazar la posición exacta de cada estrella visible. Completó su registro de mil estrellas en 1597, treinta y cuatro años después de comenzar.[1] Imagine la dedicación de Tycho Brahe, al dedicar casi tres y media décadas de su vida a una tarea: contar las estrellas del cielo y registrar su posición.

En Génesis 15, Dios usa la imagen de contar las estrellas como una analogía de la fe en sus promesas. Dios le dice a Abraham que cuente las estrellas, y le promete que sus descendientes serán tan numerosos como las estrellas del cielo. En ese punto de su vida, Abraham ya estaba en sus ochenta y no tenía hijos. Sin embargo, Dios le había prometido descendientes, y Abraham creyó en la promesa de Dios.

Cuando usted observe de cerca la travesía de fe de Abraham, verá que no todo fue sencillo; él enfrentó muchos desafíos en su caminar con Dios. Experimentó duda y temor. Batalló contra sus propios demonios internos. Fue hacia la izquierda cuando Dios le dijo que fuera a la derecha. Falló y pecó. A menudo estuvo tentado a abandonar su fe en Dios, pero Dios dijo: «¡Sigue contado estrellas, Abraham! Sigue confiando en mis promesas».

La razón por la que Abraham es una figura central del Antiguo Testamento es porque perseveró en su fe. Continuó contando estrellas a pesar de las circunstancias. Todo lo que Abraham tenía para continuar eran las palabras de Dios habladas a su propio corazón. Abraham no tenía una Biblia. No tenía un pastor, un grupo de estudio bíblico ni un sitio web cristiano que le ayudara a comprender las palabras de Dios. Lo único que tenía eran las palabras del Dios todopoderoso, habladas directamente a él, diciendo: «Yo sé que no tienes estrellas justo en este momento, pero comienza a contar estrellas de todas formas».

La primera noche en que Dios sacó a Abraham de su tienda y le mostró el cielo nocturno, el dosel de estrellas en lo alto se convirtió en el símbolo duradero de la confianza de Abraham en Dios. Esas estrellas fueron el símbolo centellante de la luminosa fe de Abraham en Dios hasta el día en que exhaló su último aliento.

Atrapados en Harán

La historia de Abraham comienza con los últimos versículos de Génesis 11. El nombre que se le dio a Abraham al nacer fue Abram, que significa «padre exaltado» en el idioma hebreo. Dios cambiará el nombre de Abram a Abraham («padre de una multitud») cuando tenga noventa y nueve años y reciba el pacto de la circuncisión.[2] A lo largo de este libro, para evitar la confusión, lo llamaré por su último nombre, Abraham.

Nació en la ciudad de Ur de los caldeos, en la ribera sur del río Éufrates en la baja Mesopotamia, la tierra hoy conocida como Irak. Su padre fue Taré y sus hermanos fueron Nacor y Harán (el padre de Lot). Josué 24:2 nos dice: «Vuestros padres habitaron antiguamente al otro lado del río, esto es, Taré, padre de Abraham y de Nacor; y servían a dioses extraños». La esposa de Abraham se llamaba Sarai (después sería llamada Sara), y no podía concebir un hijo.

En Génesis 12, Dios le dice a Abraham:

> ...Vete de tu tierra y de tu parentela, y de la casa de tu padre, a la tierra que te mostraré. Y haré de ti una nación grande, y te bendeciré, y engrandeceré tu nombre, y serás bendición. Bendeciré a los que te bendijeren, y a los que te maldijeren maldeciré; y serán benditas en ti todas las familias de la tierra. (vv. 1-3)

De modo que Abraham, su esposa Sarai, su padre Taré y su sobrino Lot partieron hacia Canaán, pero algo sucedió en el camino. Se detuvieron en la ciudad asiria de Harán en la alta Mesopotamia. Hoy, usted puede visitar las ruinas de Harán, localizadas cerca de la aldea de Altınbaşak, al sur de Turquía. En el tiempo de Abraham, Harán era una ciudad bulliciosa y rica, un sitio de actividad religiosa, cultural y comercial. Aunque Dios había llamado a Abraham a la tierra de Canaán, él y su familia se detuvieron y se quedaron en Harán.

La Biblia no nos dice por qué se establecieron ahí, pero las razones no son difíciles de adivinar: Harán es una ciudad mundana y emocionante, la versión del mundo antiguo de Las Vegas. Probablemente no fue Abraham quien escogió establecerse en Harán; eso casi con certeza fue decisión de Taré. El padre de Abraham, un hombre que «servía a dioses extraños», fue atraído por la mundanalidad, la gente y la vida nocturna de Harán. Era una ciudad llena de templos y altares a falsos dioses. Abraham no estaba de acuerdo con su padre, pero respetó sus deseos. Así que, incluso aunque Dios había llamado a Abraham a la tierra de Canaán, Taré y toda su familia fijaron su residencia en Harán.

Abraham y Sarai permanecieron atrapados en Harán hasta que Taré murió.

Un lugar de transigencia y confusión

La vida de Abraham es un espejo de la suya y la mía.

Como Abraham, cada creyente, cada seguidor del Señor Jesucristo, ha sido llamado por Dios para salir del antiguo país del pecado e ir a una nueva tierra, una tierra prometida. Todos nacimos en el país del pecado. Nacimos de espaldas a Dios, en una condición de rebelión, con corazones que eran indiferentes y hostiles hacia Él. Nuestra vida precristiana fue nuestro Ur de los caldeos.

Dios nos llamó y nos dijo: «Ven y sígueme. Deja tu vida de pecado, aléjate de tus viejos caminos. Despójate de tu egoísmo, obstinación y rebelión, de tu confusión y desamparo, y comienza a caminar en el camino que te mostraré. Perdonaré tus pecados por la sangre derramada de mi Hijo, Jesucristo. Sanaré tu espíritu herido y tu alma lastimada. Te daré una nueva identidad. Te daré un corazón que desee obedecerme. Te adoptaré como mi hijo, y te convertirás en heredero de todo lo que pertenece a Jesús. Esa es mi promesa para ti, más cierta y confiable que las estrellas del cielo. Desde ahora en adelante, quiero que cuentes las estrellas, porque las bendiciones que derramaré sobre tu vida serán más numerosas que las estrellas de los cielos».

Cuando usted toma la decisión de seguir a Cristo, y ha pasado de muerte a vida eterna, de condenación a perdón, ese es el mensaje que Dios ha hablado a su vida. Puede no haber escuchado el mensaje en esas palabras. Puede no haber comprendido lo que Dios le estaba diciendo. Pero ese fue su mensaje para usted al darle la bienvenida en su familia eterna.

Quizá comenzó su nueva vida en Cristo con un sentimiento de gozo y emoción. Pudo haber pensado: *¡Qué emocionante es conocer a Jesús! ¡Qué aventura es pertenecer a Él!* Y usted comenzó a contar las estrellas de bendiciones que Dios estaba derramando sobre su vida. Él lo llamó a salir de Ur y puso sus pies con dirección hacia la tierra prometida, hacia Canaán. Usted estaba emocionado de estar en su nuevo caminar con Dios.

Pero a lo largo del camino, algo sucedió: lo mismo que le sucedió a Abraham. Después de rendir su vida a Jesús y de experimentar el gozo de conocerle, la emoción se desgastó. Se halló a sí mismo empantanado en la mitad de su travesía. Se halló a sí mismo en Harán.

¿Qué es Harán? Es un Las Vegas espiritual. Es un lugar de transigencia, confusión y pecado. Es un lugar de obstrucciones y barricadas espirituales, un lugar en donde usted pierde su gozo y la voluntad de avanzar hacia Dios. Es un lugar de estancamiento, un lugar en el que su caminar espiritual llega a un alto.

Dios lo salvó de Ur para que pudiera tener una vida victoriosa en Canaán. Lo bendijo con todas las ricas bendiciones de Canaán. Como nos dice el apóstol Pablo, la voluntad de Dios es que usted pueda continuamente crecer y cambiar «de gloria en gloria», y que cada nuevo día se vuelva más y más como Cristo.[3]

No obstante, está aquí, atrapado en Harán, varado en Las Vegas espiritual.

Comenzó bien cuando le dijo que sí a Jesús. Pero poco después, comenzó a mezclar lo antiguo con lo nuevo. Se estableció la transigencia. Comenzó a conformarse con la mediocridad de una fe poco entusiasta. ¿Cómo escapa de Harán? ¿Cómo escapa de las garras de Las Vegas espiritual y regresa al camino a Canaán? ¿Cómo sale de la zanja y regresa a ese plano más elevado de fe y gloria?

No transija con el mundo

Cuando Dios llamó a Abraham, él estaba empapado de la adoración a falsos dioses. La idolatría había hundido sus garras profundamente en el alma y la carne de la familia de Abraham. Muchos cristianos asumen que la gente cuyas historias se narran en la Biblia fueron súper santos. ¡No es verdad! Eran personas de carne y hueso que fallaban y pecaban, tal como usted y como yo lo hacemos. Eso definitivamente es cierto respecto de Abraham y de su familia.

En Génesis 29 al 31, hallamos la historia del nieto de Abraham, Jacob, y su matrimonio con Lea y con Raquel, las dos hijas de

Labán, el sobrino nieto de Abraham. Labán había engañado a Jacob para que trabajara para él por catorce años como una dote por Raquel. Después, persuadió a Jacob de trabajar seis años más después de que terminaron los catorce. Finalmente, Jacob decidió que ya había tenido suficiente, y tomó a sus dos esposas, sus sirvientes y sus posesiones y huyó.

Antes de que Raquel se uniera a Jacob, fue a la tienda de Labán y hurtó los ídolos de su padre, sus falsos dioses.[4] La Biblia no nos dice por qué robó los ídolos. Quizá Raquel era una idólatra y pensó que los ídolos le darían buena suerte. Pero esta escena muestra que el pecado de idolatría estaba profundamente incrustado en la familia de Abraham. No hay nada más ofensivo para Dios que cuando sus hijos, a quienes Él ha redimido y salvado, comienzan a mezclar falsa religión con la verdad, los caminos de su antigua vida con el de la nueva.

En Apocalipsis 3, el Señor se dirige a la iglesia de la ciudad de Laodicea, y condena a aquella iglesia por tener un pie en el mundo y otro pie en la vida cristiana. «Yo conozco tus obras —dice—, que ni eres frío ni caliente. ¡Ojalá fueses frío o caliente! Pero por cuanto eres tibio, y no frío ni caliente, te vomitaré de mi boca» (vv. 15-16).

Ese tipo de tibieza espiritual fue lo que Abraham vivió en Harán. A medio camino entre Ur y Canaán, Abraham había alcanzado el punto de media obediencia a Dios, y ahí se quedó. Dios tuvo que sacar a Abraham de Harán, porque Él es un Dios celoso. No compartirá a sus hijos con el mundo, y no dejará a sus hijos en una tierra de una fe a medias.

Algunos creyentes hacen concesiones en su fe porque desean ser aceptados por el mundo. No quieren que los odien o que se burlen de ellos por su obediencia a Cristo. No quieren ser acusados de ser sexistas y de llevar a cabo una «guerra contra las mujeres» por oponerse al aborto. No quieren ser acusados de ser intolerantes y homofóbicos por pronunciarse a favor de la definición bíblica del matrimonio.

Es una mentira de Satanás que los cristianos sean indiferentes y prejuiciados y que no crean en la igualdad. No debemos de sorprendernos de que el mundo nos deteste. Jesús dijo que el mundo nos odiaría porque el mundo lo odió a él.[5] Como cristianos, amamos a la gente homosexual con el amor de Cristo, incluso aunque no apoyamos su conducta ni el matrimonio del mismo sexo. No obstante, he conocido pastores que estaban tan desesperados por evitar ser llamados antigay que sacrificaron la verdad bíblica en el altar de la aceptación del mundo. Transigieron con su fe y se establecieron en Harán.

El mundo odia nuestra justicia, nuestros estándares bíblicos y nuestro mensaje del evangelio. Debemos esperar el ser odiados y perseguidos, y no debemos dejar que el odio del mundo nos impida obedecer al Señor. Cuando obedecemos a Dios, seguimos el ejemplo de Noé. Hebreos 11 nos dice: «Por la fe Noé, cuando fue advertido por Dios acerca de cosas que aún no se veían, con temor preparó el arca en que su casa se salvase; y por esa fe condenó al mundo, y fue hecho heredero de la justicia que viene por la fe» (v. 7).

Noé no tenía la intención de condenar deliberadamente al mundo al vivir fiel y obedientemente delante de Dios. Él quería salvar al mundo e invitar a tanta gente como fuera posible para unirse a él y a su familia en el arca. Pero cuando sus vecinos vieron su fe y su obediencia, se sintieron condenados. Su propia pecaminosidad y culpa los condenaron.

No tenemos ni que abrir la boca para condenar a la gente que nos rodea por su pecado. Nuestra forma de vivir obediente y moral enfurecerá a aquellos que se rebelan contra Dios. No se sorprenda de su odio vengativo. En lugar de ello, regocíjese en sus falsas acusaciones. Es correcto, ¡regocíjese! Eso es lo que Jesús nos dice en las Bienaventuranzas: «Bienaventurados sois cuando por mi causa os vituperen y os persigan, y digan toda clase de mal contra vosotros, mintiendo. Gozaos y alegraos, porque vuestro galardón es grande en los cielos; porque así persiguieron a los profetas que fueron antes de vosotros» (Mateo 5:11,12).

Una promesa en siete partes: «Yo lo haré»

Después de que el padre de Abraham murió, Abraham continuó en la travesía. Tuvo que dejar su pasado atrás. Tuvo que renunciar a todo lo que había sido cercano y querido para él en Ur. Tuvo que mudarse a un lugar que nunca había visto, un lugar que era extraño y desconocido para él.

La excursión de Abraham hacia Canaán debió haber sido una travesía solitaria. Sí, Sarai iba con él, y su sobrino Lot. ¿Pero comprendieron el extraño llamado que Dios le había hecho? ¿Comprendieron cuando Abraham escuchó una voz que ellos no podían escuchar, cuando recibió el llamado que no podían entender, que Abraham estaba en contacto directo con Yahvé, el hacedor del universo? Lo dudo. Creo que Abraham debió haberse sentido totalmente solo con este llamado que Dios había hablado a su corazón y su alma.

Pero Abraham no estaba solo. Dios estaba con él, y Dios era lo único que él de verdad necesitaba.

Usted y yo tenemos un gran privilegio como cristianos. Nunca tenemos que caminar solos en nuestra vida cristiana. Dios está con nosotros. Nuestros hermanos de la iglesia están con nosotros. Esa es la promesa de Dios para nosotros, tal como fue su promesa para Abraham: nunca estamos solos.

En los tres primeros versículos de Génesis 12, Dios le dice a Abraham: Te mostraré una tierra. Te convertiré en una gran nación. Te bendeciré. Engrandeceré tu nombre. Bendeciré a quien te bendijere. Maldeciré a quien te maldijere. Dios hace siete «promesas» a Abraham. Si usted está llevando la cuenta, puede haber notado que solo he listado seis. Eso es porque Dios le da a Abraham la séptima promesa después. Dios dijo las primeras seis promesas cuando Abraham todavía vivía en Ur de los Caldeos. Le dijo la séptima promesa a Abraham después de que él dejó Harán y llegó a Canaán.

> Y se fue Abram, como Jehová le dijo; y Lot fue con él. Y era Abram de edad de setenta y cinco años cuando salió de Harán. Tomó, pues, Abram a Sarai su mujer, y a Lot hijo de su hermano, y todos sus bienes que habían ganado y las personas que habían adquirido en Harán, y salieron para ir a tierra de Canaán; y a tierra de Canaán llegaron.
>
> Y pasó Abram por aquella tierra hasta el lugar de Siquem, hasta el encino de More; y el cananeo estaba entonces en la tierra. Y apareció Jehová a Abram, y le dijo: A tu descendencia daré esta tierra. Y edificó allí un altar a Jehová, quien le había aparecido. (Gn. 12:4-7)

La séptima promesa es: «A tu descendencia daré esta tierra», la tierra de Canaán. Implícita en las siete promesas está la promesa de Dios de estar presente con Abraham. Dios promete su presencia a todos los que se arrepienten del pecado y se vuelven hacia Él en busca de perdón. Nosotros somos sus hijos, y Él nos ama con fuerte amor paternal.

Es educativo notar el contraste entre estas siete maravillosas «promesas» de Dios y las cinco declaraciones rebeldes de Satanás. En Isaías 14, Satanás dice:

> Tú que decías en tu corazón: Subiré al cielo; en lo alto, junto a las estrellas de Dios, levantaré mi trono, y en el monte del testimonio me sentaré, a los lados del norte; sobre las alturas de las nubes subiré, y seré semejante al Altísimo. (vv. 13-14)

Debido a la jactancia rebelde de Satanás, Dios expulsó a Satanás del cielo. Las «afirmaciones de Dios» son promesas de amor. Las «declaraciones de Satanás» son alardes de odio.

Cuando Dios hace sus siete «promesas» en Génesis 12, lo único que le pide a Abraham que haga a cambio es alejarse de su pasado, con sus ídolos y pecado, y que fuera a una nueva tierra que Dios le mostraría. Si Abraham lo hacía, Dios derramaría esas bendiciones septuplicadas sobre la vida del patriarca. Cuando Dios dice «Yo lo haré» y nosotros respondemos a su promesa, Él nos bendice.

Hay una progresión natural en las promesas que Dios le hace a Abraham. Van de una gloria a otra. La vida cristiana no es un estado estático e inmóvil. Dios no diseñó esta vida para que fuera una sala de espera. Diseñó la vida cristiana para que fuera una travesía, una progresión, una aventura.

A veces parece una carrera de obstáculos. Pero mientras caminamos, crecemos y nos movemos de gloria en gloria. Usted puede ver la progresión de una gloria a la siguiente en las siete promesas que Dios le hace a Abraham.

Promesa #1: La tierra que te mostraré

La primera promesa de Dios a Abraham es «la tierra que te mostraré». La séptima y última promesa para Abraham es «A tu descendencia daré esta tierra». Abraham va de ver, a recibir. Primero, Dios le mostraría la tierra; por último, Abraham la posee.

Su confianza total en Dios es la clave para recibir las promesas de Dios.

De la misma manera, Dios nos dice: «Voy a mostrarte las grandes bendiciones que tengo para ti mientras caminas conmigo y me sirves, si me mantienes en el primer lugar de tu vida». Y un día vendrá cuando alcancemos la tierra que Él ha prometido, y poseeremos esa tierra, gobernaremos y reinaremos con Él para siempre.

Pero debemos elegir caminar con Él hacia la tierra que nos ha mostrado. Debemos elegir confiar en Él, obedecerle e ir hacia donde Él nos dirija. Siempre que yo elijo ir por mi propio camino, soy apaleado, termino derrotado y pierdo mi camino. Pero siempre que voy a donde Él elige, soy totalmente bendecido. Usted probablemente puede aseverar la misma verdad en su propia vida.

Dios nos ha dado el don del libre albedrío, y podemos usarlo para elegir su camino o ir por el nuestro. Sea cuidadoso con la elección que haga. Sí, usted puede elegir ir por su propio camino, establecerse en Harán después de que Dios le ha llamado a Canaán. Y Dios le dejará salirse con la suya, al menos por un tiempo. Pero encontrará que, al hacerlo, nulificará la promesa de Dios para usted. Cuando vaya por su propio camino, hallará que no hay bendición al final del sendero.

Pero si usted se toma de su mano y va a donde Él le dirija, le bendecirá en formas que no puede comenzar a imaginar.

Promesa #2: Haré de ti una nación grande

La segunda promesa de Dios a Abraham es que se convertiría en una gran nación. Esta es la primera de muchas promesas incondicionales que Dios le hizo a Abraham. Es bueno que haya sido incondicional, porque si hubiera estado condicionada a la fidelidad y el desempeño de Abraham y de sus descendientes, la promesa hubiera sido hecha nula y sin efecto muy rápidamente. Abraham le falló miserablemente a Dios, y así lo hicieron sus descendientes.

Una y otra vez en las Escrituras vemos que hay promesas condicionales y promesas incondicionales. Muchos cristianos confunden las dos. Reclaman las promesas condicionales sin haber cumplido las condiciones.

Cuando Dios nos escogió en Cristo, fue un acto de pura gracia. Fue incondicional. No tuvo nada que ver con nosotros. Estábamos perdidos en pecado y éramos incapaces de cumplir con las demandas de un Dios justo y santo. Nuestra salvación fue un regalo de su gracia, no basada en nuestras obras. No tuvimos nada que ver con nuestra salvación excepto en la decisión de recibirla. Pero ahora que somos salvos, hallamos que hay una cantidad de promesas condicionales en nuestro andar cristiano.

Es importante notar esto: Cuando Dios le hizo esta promesa incondicional a Abraham: «Haré de ti una nación grande», él tenía setenta años, y Sara sesenta. Cuando Dios le dijo a Abraham que comenzara a contar estrellas, ya había pasado la edad de jubilación. Recurría a la Seguridad Social, se había unido a AARP*, y él y Sara calificaban para el descuento para mayores en el restaurante Waffle House. Es imposible comprender la clase de fe que se necesita para que un hombre sin hijos de la avanzada edad de Abraham creyera la promesa de Dios de que haría de él una gran nación.

No obstante, Abraham le tomó la palabra a Dios y contó estrellas, incluso aunque no podía verlas. Esa es una fe genuina en el más puro sentido bíblico.

«Pero, Señor, ¡soy viejo!». *Comienza a contar estrellas, Abraham.*

---

*Nota del traductor: AARP es una organización estadounidense, independiente y sin fines de lucro, que busca satisfacer las necesidades e intereses de las personas mayores de 50 años.

«¿Qué si me desvío de tu voluntad?». *Sigue contando estrellas, Abraham.*

«Pero, Señor, ¿qué si mis descendientes te abandonan?». *Sigue contando estrellas, Abraham.*

«¿Qué si se vuelven idólatras? ¿Qué si adoran a Baal o a Moloc?». *Sigue contado estrellas, Abraham.*

¿Por qué haría Dios la promesa incondicional a Abraham de que haría de él una gran nación? Porque la grandeza de esa nación no dependía de la fidelidad de Abraham o sus descendientes. La promesa incondicional de Dios a Abraham no fue cumplida por él o sus hijos. La promesa incondicional de Dios fue cumplida por «la simiente» de Abraham. ¿Quién o qué es «la simiente» de Abraham?

El apóstol Pablo responde esta pregunta en su epístola a los Gálatas: «Ahora bien, a Abraham fueron hechas las promesas, y a su simiente. No dice: Y a las simientes, como si hablase de muchos, sino como de uno: Y a tu simiente, la cual es Cristo» (Gál. 3:16; ver Gn. 12:7; 13:15; 24:7). Durante siglos, los eruditos y maestros judíos malinterpretaron lo que significaba la promesa de Dios. Interpretaron «simiente» en un sentido de plural colectivo, sin darse cuenta nunca de que Dios estaba usando *simiente* en un sentido singular, refiriéndose no a muchas sino a una, Jesús el Mesías.

Millones de personas alrededor del mundo hoy y miles de millones a lo largo de la historia han adorado al Dios viviente por las bendiciones que Él derramó sobre Abraham, bendiciones que se cumplieron en Jesús. Como Pablo escribe en Gálatas 3:

> Así Abraham creyó a Dios, y le fue contado por justicia. Sabed, por tanto, que los que son de fe, éstos son hijos de Abraham. Y la Escritura, previendo que Dios había de justificar por la fe a los gentiles, dio de antemano la buena nueva

> a Abraham, diciendo: En ti serán benditas todas las naciones. De modo que los de la fe son bendecidos con el creyente Abraham (vv. 6-9).

No es de sorprenderse que cuando Jesús dijo: «Antes que Abraham fuese, yo soy», los líderes religiosos recogieran piedras y quisieran matarlo.[6] Pensaron que ellos eran las simientes de Abraham, sus descendientes prometidos. Pero era Jesús quien era la simiente, y a través de Él, incontables personas de cada nación en todo el mundo pueden venir a la fe salvadora y a la vida eterna. Y Jesús, la simiente singular de Abraham, también es el preexistente y eterno Creador.[7]

Promesa #3: Te bendeciré

Abraham no le pidió a Dios que lo bendijera, pero Dios se dignó a prometerle que bendeciría a Abraham. Dios lo bendeciría en formas que él nunca se imaginaría, mucho menos esperaría.

Por favor comprenda, no hay nada malo con pedir a Dios que le bendiga, nada en lo absoluto. Pero no creo que necesite pedir. Dios ha prometido que lo bendecirá cuando usted lo siga por fe y vaya a donde Él lo manda.

Puedo testificar el hecho de que, por las últimas décadas, Dios me ha bendecido ricamente en formas en las que nunca me hubiera atrevido o pensado a pedir. Al decir eso, no estoy presumiendo de mí mismo, porque le fallo todo el tiempo. Pero Dios sabe que en mi propia manera falible y propensa al pecado, busco servir a su reino con todo mi corazón. Busco glorificar al rey Jesús. Y para mi total asombro, Dios me bendice más allá de todo lo que yo pudiera pensar en pedir. No espero la bendición de Dios. No merezco su bendición, ni la pido, pero recibo su gentil bendición. Así es como nuestro amoroso Dios trabaja.

Le pido a Dios que bendiga el ministerio que Él ha edificado en nuestra iglesia y en nuestro ministerio global, Leading The Way. Le pido que bendiga su mensaje mientras enseño, predico y escribo. Paso mi tiempo orando por otros y orando por el reino de Dios, luego busco primero su reino en cada momento en que me encuentro despierto. Y Dios, por su gracia, me bendice más allá de toda medida.

Promesa #4: Engrandeceré tu nombre

Dios le dice a Abraham: «Y haré de ti una nación grande, y te bendeciré, y engrandeceré tu nombre, y serás bendición» (Gn. 12:2). Por cuatro mil años, los judíos han afirmado que Abraham es su padre. Los cristianos han afirmado por dos mil años que Abraham es su padre. Incluso los musulmanes, quienes acatan una religión basada en las obras por temor más que por fe, han visto a Abraham como su padre por mil cuatrocientos años.

¿Qué representa el nombre de Abraham? Simboliza una fe inconmovible y confianza en el Dios viviente. El nombre representa lo que Dios ha prometido. El nombre representa lo que Dios ha hecho. El nombre representa la fidelidad de Dios.

El nombre original, Abram, significaba solamente «padre exaltado». Pero Dios cambió su nombre de Abram a Abraham, «padre de multitudes». Esto simbolizó el hecho de que la fe de Abraham en el único y verdadero Dios un día sería compartida por multitud de personas de cada tribu, lengua y nación. Los descendientes de Abraham son judíos y europeos, norteamericanos y sudamericanos, negros africanos y árabes, asiáticos y nativos de la Polinesia.

Gálatas 3:14 nos dice: «Para que en Cristo Jesús la bendición de Abraham alcanzase a los gentiles, a fin de que por la fe recibiésemos la promesa del Espíritu». El mayor descendiente de

Abraham es, por mucho, el Señor Jesucristo. El mundo es bendecido al acudir a Jesús, la simiente de Abraham. Gente de todo el mundo es salva y redimida y se regocija, incluso en medio de la persecución, debido a aquel descendiente de Abraham, el Señor Jesucristo.

Promesas #5 y #6: Bendiciones y maldiciones

Dios promete a Abraham: «Bendeciré a los que te bendijeren, y a los que te maldijeren maldeciré; y serán benditas en ti todas las familias de la tierra» (Gn. 12:3). A través de las edades de la historia, Dios ha cumplido esa promesa incontables veces.

Cuando José, el bisnieto de Abraham, fue vendido en esclavitud en Egipto, la Biblia dijo que Dios bendijo a Egipto debido a José. Cuando Rahab, la prostituta, ayudó a los espías que llegaron a Jericó, Dios bendijo a Rahab y a su familia por bendecir a la nación de Israel. Podría citar muchos otros ejemplos.

Creo que una razón por la que Dios ha bendecido ricamente a los Estados Unidos es porque esta nación ha llevado el evangelio a los confines de la tierra y ha bendecido a muchas naciones, especialmente Israel.

Como cristiano, usted no se desvía de su camino para hacer enemigos. No trata de hostigar a la gente que lo maldice. Pero si defiende su fe, si simplemente dice: «Soy un seguidor de Jesucristo», instantáneamente tendrá enemigos. Si no hace enemigos, probablemente no esté tomando una postura lo suficientemente audaz por su fe.

No hay nadie a quien yo odie o a quien le guarde rencor. No importa lo que otras personas me hayan hecho, desde mi perspectiva, no son mi enemigo. Pueden parecer un enemigo, pueden odiarme, pueden desearme el mal, pero no los odiaré. Dios ha prometido pelear nuestras batallas por nosotros. Si alguien nos maldice, Dios será nuestro escudo, nuestro defensor, y si es necesario, nuestro vengador. Él se ocupará de cualquiera que nos maldiga, y será más justo y riguroso de lo que usted o yo podamos ser jamás.

Una vez tuve una conversación con un hombre enojado. Estaba amargado debido a alguna injusticia que le hicieron. Quería tomar el asunto en sus manos. Le dije: «La bendición que he tenido por vivir unos pocos años más que usted es que he visto que el Señor cuida esos asuntos por mí. He visto a Dios hacer un trabajo mucho mejor al vengar el mal de lo que yo nunca hubiera podido hacer. Así que sea paciente. Confíe en Dios. Deje ese asunto en sus manos».

En efecto, unas pocas semanas después, Dios se encargó del problema de ese joven. Dios siempre prueba su fidelidad, y siempre cumple sus promesas.

Promesa #7: A tu descendencia daré esta tierra

Cuando Dios dijo: «A tu descendencia daré esta tierra», Abraham no tenía descendencia ni tierra. Estaba contando estrellas cuando no veía ninguna. No solo eso, sino que Abraham y Sara murieron en la tierra de la promesa sin poseer ninguna tierra. Más de cuatrocientos años después, Dios cumplió su promesa a Abraham. Tras la muerte de Moisés, bajo el liderazgo de Josué, los descendientes de Abraham marcharon hacia Canaán y tomaron posesión de la tierra de la promesa.

Dios cumple sus promesas hacia la tercera y cuarta y décima y centésima generación. Sus promesas son más reales que el libro que está usted sosteniendo en sus manos. Se puede decir lo mismo de las promesas que Jesús hizo a sus seguidores en el Nuevo Testamento, tales como: «Venid a mí todos los que estáis trabajados y cargados, y yo os haré descansar. Llevad mi yugo sobre vosotros, y aprended de mí, que soy manso y humilde de corazón; y hallaréis descanso para vuestras almas» (Mateo 11:28-29).

Usted puede estar cargando el peso de un refrigerador sobre sus espaldas y sentirse tan agotado que no puede dar otro paso. Vaya a Jesús, cuéntele de sus cargas y penas, y Él quitará el peso de su espalda y lo cargará sobre Él. Él ya llevó la carga más pesada (sus pecados) sobre sí en la cruz.

La historia de Jesús y del joven rico se narra en Mateo 19, Marcos 10 y Lucas 18. Un joven rico le preguntó a Jesús cómo ganar la vida eterna. Jesús le dijo que obedeciera los mandamientos. El joven respondió que ya lo había hecho. ¿Qué más puedo hacer? Jesús respondió: «Si quieres ser perfecto, anda, vende lo que tienes, y dalo a los pobres, y tendrás tesoro en el cielo; y ven y sígueme» (Mt. 19:21).

En otras palabras, Dios le dice: «Deja tus ídolos (la riqueza y las posesiones que en realidad te poseen) y sé mi discípulo. Entonces tendrás tesoros en los cielos». Pero el joven rico no pudo dejar sus ídolos, así que se alejó, entristecido.

Para seguir a Jesús, debemos dejar nuestro antiguo país atrás e ir a la tierra prometida tal como Dios lo mandó. Como Abraham, debemos ir a la tierra que no podemos ver, la tierra que Dios nos ha prometido, la tierra que nos mostrará.

¿Ha escuchado a Dios llamándolo a la tierra prometida? ¿Ha dado el primer paso? ¿O aún se encuentra en Ur? O tal vez salió hacia la tierra prometida, pero se ha atorado en Harán. ¿Qué le impide llegar a la tierra prometida con Dios?

Si nunca ha dado el primer paso de fe, si nunca ha confesado sus pecados a Dios ni le ha pedido que lo perdone a través de la sangre de Jesús, puede hacerlo hoy, justo ahora, antes de que dé vuelta a otra página de este libro. Puede ser eternamente salvo y ser bendecido con la presencia de Dios. Puede ser lleno de la persona y el poder del Espíritu Santo. Ya conoce el punto de vista de Dios. Si ha escuchado la voz del Espíritu Santo, si Él le ha hablado a través de su Palabra, no espere otro momento. Responda ahora.

2

¿Un peregrino... o un vagabundo?

John Bunyan escribió su novela alegórica, *El progreso del peregrino*, mientras cumplía una condena en la prisión del condado de Bedfordshire. Su crimen: predicar el evangelio sin autorización. Era contra la ley realizar servicios eclesiásticos que no estuvieran autorizados por la iglesia establecida por el estado, la Iglesia de Inglaterra. *El progreso del peregrino* ha seguido en imprenta continuamente desde que fue publicado por primera vez en 1678, y ha sido traducido a más de doscientos idiomas. La primera vez que lo leí era un niño de doce años en Egipto.

El libro cuenta la historia de un hombre llamado Cristiano que progresa a lo largo de la vida en su travesía hacia el cielo, su destino final. A través de su camino, encuentra muchos peligros, desafíos y tentaciones, tal como nosotros hoy. También halla lugares de reposo, tal como Dios nos provee a nosotros.

En un momento dado, Cristiano se encuentra en una ciudad llamada la feria de Vanidad. William Makepeace Thackeray escribió una novela con ese título acerca de la sociedad victoriana inglesa, y una revista americana, llamada *Vanity Fair* trata de asuntos de moda y cultura; ambas recibieron su nombre de esta escena de *El progreso del peregrino*. La feria de la Vanidad es una ciudad edificada por el demonio Belzebú. Y todas las cosas que los humanos desean y se mueren por tener se venden cada día en el mercado de la feria de Vanidad: «Casas, tierras, negocios, colocaciones, honores, ascensos, títulos, países, reinos, concupiscencias y placeres, y toda clase de delicias, como son rameras, esposas, maridos, hijos, amos, criados, vidas, sangre, cuerpos, almas, plata, oro, perlas, piedras preciosas y muchas cosas más».[1]

Bunyan nos dice que hay tres características que distinguen a los creyentes como Cristiano de la gente mundana de la feria de Vanidad. Primero, los peregrinos cristianos parecen extraños para los ciudadanos de la ciudad mundana. Segundo, los cristianos hablan un idioma diferente, el «idioma de Canaán»[2], el idioma de la tierra prometida. Ese no es el idioma local de la feria de Vanidad. Tercero, los cristianos tienen diferentes valores a los de la gente de la feria de Vanidad, y no muestran interés en el materialismo ni la búsqueda de placeres que se acostumbran en la feria de Vanidad. ¿Por qué los cristianos son diferentes de la gente mundana de la feria de Vanidad? La diferencia en la vestimenta habla del hecho de que los cristianos usan un manto de rectitud, el cual Jesús da a todos los creyentes y el cual la gente de la feria de Vanidad no tiene. El manto de rectitud, que fue comprado por la sangre de Jesús, hace que la gente inicua de la feria de Vanidad se amargue y se enoje.

El idioma que habla el cristiano es el idioma de Dios, no obstante, el problema de comunicación no es causado simplemente por una diferencia de idiomas. Los cristianos ni siquiera hablan de los mismos asuntos que los ciudadanos de la feria de

Vanidad. Ellos hablan acerca de intereses espirituales, acerca de asuntos cercanos al corazón de Dios. La gente de la feria de Vanidad habla solamente cosas mundanas, desde un punto de vista mundano.

Los valores de Cristiano y otros creyentes son completamente ajenos a los valores de la gente de este mundo, cuyo dios es Satanás y quienes únicamente están interesados en la gratificación y elevación de ellos mismos. ¡Si tan solo los cristianos del siglo XXI fueran tan distintos del mundo como los peregrinos de *El progreso del peregrino*!

Rumbo a Canaán

Hebreos 11 nos dice que Abraham, Sara y los otros héroes de la fe fueron «extranjeros y peregrinos sobre la tierra».[3] ¿Qué es un peregrino?

Es importante tener una definición precisa en mente. Un peregrino no es una persona que deja su hogar y vaga sin dirección; un peregrino no es un vagabundo. Un peregrino es una persona que viaja con un destino claro en mente. Un peregrino tiene una visión por conseguir, una meta por alcanzar, un destino planeado. Un peregrino está determinado a alcanzar su destino sin importar las dificultades, los obstáculos o el sufrimiento. Debido a su visión, debido a esta meta, debido a su determinación, un peregrino sostiene todo lo demás en la vida (posesiones, ambiciones terrenales e incluso gente) con las manos abiertas.

Hay pocas cosas más desgarradoras que observar a un peregrino espiritual convertirse en un mundano vagabundo. Hay pocas cosas más trágicas que ver a alguien que prometió mucho como cristiano, alguien que salió con Dios de Ur rumbo a Canaán, perderse a lo largo del camino. He conocido personas que comenzaron como peregrinos y se convirtieron en vagabundos, y mi corazón se rompe por ellos.

En este tiempo crucial de la historia humana, Dios está buscando peregrinos auténticos y sinceros que caminarán en medio de este mundo de Vanidad sin ser corrompidos por él. Sin importar nuestra edad o nuestra posición en la vida, Dios nos llama para ser sus peregrinos en este mundo turbulento y cargado de pecado. Eso es lo que Dios nos enseña a través del peregrino llamado Abraham.

Génesis 12 nos cuenta cómo Abram (es decir, Abraham) y su esposa Sarai, partieron de Harán, con rumbo a Canaán. La Biblia no desperdicia palabras. Es importante notar los detalles de este relato:

> Y se fue Abram, como Jehová le dijo; y Lot fue con él. Y era Abram de edad de setenta y cinco años cuando salió de Harán. Tomó, pues, Abram a Sarai su mujer, y a Lot hijo de su hermano, y todos sus bienes que habían ganado y las personas que habían adquirido en Harán, y salieron para ir a tierra de Canaán; y a tierra de Canaán llegaron (vv. 4, 5).

Cuando Abraham dejó Harán, se llevó consigo una gran cantidad de riquezas acumuladas. En este momento, Abraham tenía 75 años. Para un hombre que viviría hasta los 175, esto era la mediana edad. Las posesiones que Abraham había adquirido durante su estancia en Harán no lo detuvieron de ser un genuino seguidor de Dios. La riqueza es una trampa para muchos creyentes. Pero en las manos de un sabio y generoso discípulo del Señor, la riqueza es una fuente de bendición y ministerio. En mis casi cincuenta años de ministerio, he conocido una cantidad de gente que ha sido bendecida por Dios en lo material, pero que nunca ha hecho de las riquezas un ídolo. Usaban su riqueza para servir a Dios y a otros. Abraham era ese tipo de discípulo.

Abraham, Sara, Taré y Lot habían viajado una distancia de setecientas millas, viajando hacia el norte por el noreste, para llegar desde Ur hasta Harán. Después de vivir en Harán por cinco años aproximadamente, el padre de Abraham, Taré, murió. Después de sepultar a su padre, Abraham reanudó su peregrinaje hacia Canaán, una distancia de otras setecientas millas aproximadamente, viajando al sur por el sureste.

Quiero mirar este relato del Antiguo Testamento a la luz de un pasaje del Nuevo Testamento, Hechos 7. Ahí, Esteban, el primer mártir cristiano, se pone de pie frente al Sanedrín, el Consejo de gobierno en Jerusalén. Este es el mismo Consejo de gobierno que condenó a Jesús a muerte y que después también persiguió a Pedro y a Juan. Esteban conoce los corazones asesinos de los miembros del Sanedrín; no obstante, testifica sin temor alguno lo que Dios está haciendo a través de Jesucristo y su iglesia. Esteban está mostrando cómo Dios trabaja entre la gente a pesar de los esfuerzos de esos gobernantes por oponerse a Dios. Esteban dice:

> Varones hermanos y padres, oíd: El Dios de la gloria apareció a nuestro padre Abraham, estando en Mesopotamia, antes que morase en Harán, y le dijo: Sal de tu tierra y de tu parentela, y ven a la tierra que yo te mostraré. Entonces salió de la tierra de los caldeos y habitó en Harán; y de allí, muerto su padre, Dios le trasladó a esta tierra, en la cual vosotros habitáis ahora (vv. 2-4).

Esteban dice que Abraham se quedó en Harán. ¿Qué tipo de lugar era Harán? Era muy semejante a la ciudad de la feria de Vanidad, un lugar de tentaciones y seducción.

Note la frase de Esteban: «Muerto su padre». Esas tres palabras lo dicen todo. Nuevamente, la Biblia no desperdicia palabras. Esteban está hablando ante el Sanedrín, un grupo de poderosos hombres de Medio Oriente. Quiero que escuche esta historia tal como ellos la escucharon, a través de la perspectiva de la cultura de Medio Oriente. Volveré a contarle la historia de Abraham y su padre, Taré. Quiero dejar en claro que esta es la versión de Michael Youssef de la historia y no tiene la autoridad de las Escrituras. Simplemente estoy usando mi «imaginación bautizada» para contar nuevamente la historia.

Las correas del delantal de Taré

Imagine conmigo la escena que tiene lugar en Ur de los caldeos. Dios le dice a Abraham: «Quiero que abandones Ur. Quiero que dejes atrás tu vida actual y que vayas a la tierra que te mostraré».

De modo que Abraham fue a la tienda de su padre, Taré, abrió la entrada de la tienda, y dijo: «¡Papá!». Bueno, al ser esto el Medio Oriente, probablemente le dijo: «¡Abba!»

—¿Qué pasa, Abram?

—Tengo que dejar Ur. Tengo que irme lejos.

—¿Irte? ¿A dónde vas a ir, hijo?

—No sé a dónde, Abba. Solo sé que Dios lo llamó Canaán, y Él va a mostrarme a dónde ir.

—¿Dios? ¿Cuál dios? Hay muchos dioses. Tengo una repisa entera llena de dioses. Dioses de oro, dioses de plata, dioses de hojalata...

—No, Abba. Hay un único Dios, y Él me está llamando a esa tierra lejana llamada Canaán. Voy a dejar mi ciudad natal e ir a esa tierra... y Abba, voy a tener que dejarte.

Ahora, la parte de la historia que estoy por describir enseguida es pura especulación de mi parte; no hallará esto en las Escrituras. Pero basado en mi conocimiento de la cultura del Medio Oriente, pienso que esto pudo ser lo que sucedió enseguida. Creo que cuando Taré escuchó a su hijo Abraham decir que iba a dejar Ur, su padre de Medio Oriente probablemente se puso como loco.

—¿Qué? —dijo Taré—. Abram, hijo mío, ¡no puedo creer que te haya escuchado correctamente! ¿Vas a dejar a tu pobre padre en Ur y salir disparado a lugares desconocidos? ¿Vas a abandonar a tu viejo, el padre que ha sido bueno contigo todos estos años? ¿Quién va a cuidar de mí en mi vejez? Abraham, hijo, ¿no me amas?

—Bueno, seguro, te amo, Abba. Pero Dios dijo...

—¡Dios dijo! ¿Desde cuándo los dioses nos hablan? ¡Mis dioses nunca me han hablado!

—Pero el único Dios verdadero habla, y él me ha dicho que vaya a Canaán. Me dijo que va a hacer una gran nación de mí.

—Abram, no puedes dejar Ur sin mí. Si vas a Canaán, yo también voy.

Las familias del Medio Oriente son muy unidas. A menudo, cuando un hijo quiere dejar la casa e irse lejos, los padres lo consideran un insulto. Abram amaba y respetaba a su padre, Taré. Lo honró al punto de que su obediencia al llamado de Dios fue estorbada. Taré acompañó a Abraham y a Sarai, y cuando llegaron a Harán, se detuvieron y se instalaron. Y ahí se quedaron hasta que Taré murió y Abram fue libre para continuar su peregrinaje hasta Canaán.

Si usted es padre de familia, tengo un consejo bíblico para usted: cuando sus hijos alcancen la edad en la cual deban vivir por su cuenta, corte las correas del delantal. Deles su independencia.

Si tiene la clase de hijo que quiere ser dependiente, que está contento con vivir en su sótano y jugar videojuegos día y noche, entonces fuércelo a valerse por sí mismo. No le hace ningún favor a su hijo adulto al mantenerlo dependiendo de usted. No malcríe a su hijo ni lo haga sentir culpable por abandonar el hogar. Diga: «Sabes que siempre te amaré y te apoyaré, y siempre serás bienvenido al visitarnos. Siempre oraré por ti, pero es tiempo de que te ganes la vida y vivas tu propia vida».

Una razón por la que Dios llamó a Abraham para que abandonara Ur fue sacarlo de ese centro de idolatría. Dios quería alejar a Abraham de la mala compañía y el mal entorno. Quería alejar a Abraham de su antigua vida hacia su nueva vida en Canaán.

Abraham tenía un padre incrédulo. Como cristiano, usted debe siempre amar, respetar y honrar a sus padres. Si ellos son no creyentes, debe orar por ellos, testificarles y ser un buen ejemplo para ellos. Pero si alguna vez todo se reduce a elegir entre obedecer a sus padres y obedecer a Dios, siempre haga lo que Dios le llame a hacer.

Salga mientras pueda

Abraham le dijo a su padre que se iba a Canaán, y Taré dijo que él se iba también. Génesis 11:31 contiene un detalle fascinante: «Y tomó Taré a Abram su hijo, y a Lot hijo de Harán, hijo de su hijo, y a Sarai su nuera, mujer de Abram su hijo, y salió con ellos de Ur de los caldeos, para ir a la tierra de Canaán». ¿A quién llamó Dios? A Abram. Pero la Biblia nos dice que «tomó Taré a Abram su hijo». Si Dios llamó a Abram, ¿no tenía Abram que haber llevado a Taré en su travesía en vez de ser al revés? Parece que Taré, el padre de Abram, no dejaba a Abram ir a ningún lugar sin él.

No sé si usted ve el humor en esto, pero lo encuentro divertidísimo. Dios llamó a Abraham; pero Taré lo tuvo que llevar. Abraham no pudo o no quiso ir por su cuenta. Taré también llevó al sobrino de Abraham, Lot, y a la esposa de Abraham, Sara. Juntos partieron de Ur de los caldeos, con rumbo a Canaán.

A mitad de su camino, llegaron a Harán, y se establecieron ahí. ¿Por qué? Creo que es porque Harán era el hogar del gran templo de Sin, el dios de la luna. Tamara M. Green, directora del Departamento de Estudios Clásicos y Orientales en Hunter College, de la Universidad de la Ciudad de Nueva York, escribe: «La relevancia política de Harán en el período asirio se debió en gran medida a su deidad protectora, Sin, el dios de la Luna, y dador de oráculos, guardián de tratados cuyos ojos lo ven y conocen todo».[4] El templo de Sin, añade la profesora Green, era llamado Ehulhul, que es el término sumerio para «Templo del Regocijo».

El padre de Abraham, Taré, vio el templo pagano del dios de la luna y pensó que había muerto y llegado al cielo pagano. Amaba la adoración a la luna en la ciudad de Harán. Para un adorador de la luna como Taré, la ciudad de Harán era como la Meca para los musulmanes, Salt Lake City para los mormones y el Vaticano para los católicos romanos. Este era el lugar de lugares, el Shangri-La de Taré.

Cuando Taré llegó a Harán, miró alrededor y dijo: —¡Yupi! ¡Abram, hijo mío, estoy muy contento de haber venido contigo! Olvida Canaán. ¡Quedémonos aquí! ¡Este lugar es el Disneylandia pagano!

—¡Pero Abba, Dios me llamó a Canaán!

—Canaán está a setecientas millas de distancia. ¿Por qué viajar tan lejos? Este lugar tiene que ser mejor que Canaán. ¡Aquí es donde está la diversión!

Habían llegado a Harán en la tierra de las concesiones. Habían llegado a la feria de Vanidad. Abraham estaba en gran peligro espiritual en Harán. Este lugar estaba lleno de tentaciones de materialismo e idolatría, que amenazaban con contaminar su fe en Dios.

Si usted se halla en Harán en este momento, le insto a salir mientras se pueda. Salga mientras aún sea posible. Salga mientras todavía pueda encontrar la voluntad de Dios. No se establezca en Harán. No se conforme con menos de lo mejor que Dios tiene.

Todos somos propensos a conformarnos con las seducciones mundanas que están por debajo del plan perfecto de Dios para nuestra vida. Lo sé. Yo personalmente he experimentado al menos dos «Harán» en mi vida. Me conmuevo nada más al pensar en este pasaje de las Escrituras, porque Dios me rescató y me salvó de mis dos experiencias en Harán. Llegó a mi corazón antes de que fuera demasiado tarde.

Mi oración por usted como lector de este libro es que no se conforme con Harán. Oro para que preste atención a esta advertencia en la historia de Abraham y salga de Harán sin demora. Póngase de rodillas y diga: «Señor, lamento haber transigido y haberme conformado con Harán. Siento haberme salido del camino que tú habías establecido para mí. Lamento haberme detenido antes de ir a Canaán contigo. Sácame de Harán, Señor, y prometo seguirte».

Sé sin sombra de duda que Dios se regocijará por esta oración, y le dará poder para actuar. A Dios le encanta cuando confiamos en Él incondicionalmente con todo nuestro corazón. Le encanta que nos despojemos de nuestra bendita seguridad y nos atrevamos a grandes cosas por Él. Le encanta cuando invertimos todo lo que somos y tenemos en su reino. Le encanta cuando contamos las estrellas que ni siquiera hemos visto: estrellas de sus promesas, estrellas que son nuestras incluso aunque las nubes de tormenta puedan ocultarlas de la vista.

Cuando contamos estrellas que ni siquiera hemos visto, estamos andando por fe y no por vista. Los ojos de la fe nos mantendrán en el camino correcto, siguiendo la visión de Dios para nuestra vida. Cuando seguimos nuestra propia sabiduría humana y nuestra visión mundana, nos quedamos atrapados en Harán.

Sea cual sea su Harán (y sospecho que Dios ya está trayendo algo a su mente algo que significa Harán para usted, algo que le hace sentirse atorado, atrapado e incapaz de moverse hacia Canaán), sea lo que sea, dígale a Dios ahora mismo que quiere dejar Harán atrás. Que quiere avanzar con Él. Que quiere regresar al camino y continuar su peregrinaje con el Señor. Dígale a Dios que está listo para moverse ahora mismo, luego dé el primer paso, sea cual sea. No se conforme con Harán. Salga mientras pueda. No espere hasta mañana o algún otro tiempo. *Váyase ahora.*

Se requiere: Una invasión del cielo

En seguida, aprendemos lo que Abraham hizo a su llegada a la tierra de Canaán, y aprendemos lo que Dios le dijo a Abraham:

> Y pasó Abram por aquella tierra hasta el lugar de Siquem, hasta el encino de More; y el cananeo estaba entonces en la tierra. Y apareció Jehová a Abram, y le dijo: A tu descendencia daré esta tierra.
>
> Y edificó allí un altar a Jehová, quien le había aparecido. Luego se pasó de allí a un monte al oriente de Bet-el,

> y plantó su tienda, teniendo a Bet-el al occidente y Hai al oriente; y edificó allí altar a Jehová, e invocó el nombre de Jehová". (Gn. 12:6-8)

Abraham llegó a Canaán y encontró que la tierra estaba habitada por cananeos, fieras tribus idólatras. Quizá Abraham se turbó cuando vio que la tierra a la cual Dios lo había llamado ya estaba ocupada con gente hostil. Dios se apareció a Abraham y le habló, quizá como una forma de tranquilizarlo. El Señor le hizo una promesa: «A tu descendencia daré esta tierra». Aliviado y regocijándose porque Dios había reconfirmado su promesa, Abraham hizo un altar para el Señor y lo invocó con alabanza y acción de gracias.

¿Quiere ver el avivamiento llegar a su iglesia? ¿Quiere avivamiento en su comunidad? ¿En su nación? Entonces comprenda esto: el avivamiento comienza con usted; el avivamiento comienza conmigo. No estoy diciendo que podamos, en nuestra propia fuerza, hacer que ocurra el avivamiento. Solo el Espíritu de Dios puede traer reavivamiento a una iglesia o a una nación. Pero el avivamiento sucede cuando el pueblo de Dios lo invita a quedar a cargo de su vida. El avivamiento vendrá cuando cada creyente individual decida salir de Harán y construir un altar en Bet-el.

Construir un altar es un símbolo de que estamos renovando nuestra visión (la visión de Dios) para nuestra vida. Eso es lo que Abraham hizo cuando salió de Harán y llegó a Canaán. Edificó un altar en Bet-el e invoco el nombre del Señor. Stephen Olford llamó al avivamiento «una invasión del cielo que trae una percepción consciente de Dios».[5] Esa invasión santa de nuestra vida no sucederá hasta que queramos a Dios más de lo que queremos el pecado. David Wilkerson dijo una vez: «Hoy hay gente deseando grandes experiencias emocionales y llamándolas avivamiento.

Pero creo que el verdadero avivamiento vendrá... [únicamente cuando] la gente se ponga de rodillas para arrepentirse».[6] El avivamiento vendrá cuando huyamos del pecado y corramos hacia Dios, cuando abandonemos Harán y regresemos al camino a Canaán.

Abraham aprendió por las malas que el avivamiento personal no se encuentra en una obediencia de medio tiempo o parcial. El secreto no está en el destino sino en el camino. El secreto no está en el lugar al que vamos sino en el lugar de la obediencia, en el lugar de la santidad.

No escuchamos mucho esa palabra, *santidad*, ¿o sí? Pero la Biblia nos dice que sin santidad nadie verá al Señor. El lugar de la santidad es un lugar que alcanzamos cuando pedimos a Dios que examine nuestra vida. Como el salmista escribe:

> Examíname, oh Dios, y conoce mi corazón;
> Pruébame y conoce mis pensamientos;
> Y ve si hay en mí camino de perversidad,
> Y guíame en el camino eterno. (Sal. 139:23-24)

Sin excusas, sin acusaciones, solo honestidad, un examen exhaustivo de nuestro corazón y de nuestra conciencia por el propio Dios: «Señor, examina mi vida. Abre mi corazón para revisión. ¿Hay pecado en mi vida? ¿Hay algo en mis pensamientos, hablar o conducta que sea ofensivo para ti?».

Mientras no estemos limpios delante de Dios como creyentes individuales, reconociendo nuestra desobediencia y terquedad, nuestro deseo de comodidad y conveniencia, estatus y poder, permaneceremos estancados en Harán. Mientras no admitamos ante Dios y ante nosotros mismos que hemos estado haciendo nuestra voluntad, no la voluntad de Dios, haciendo las cosas a nuestro modo en vez del de Dios, nunca nos moveremos hacia Canaán, nunca edificaremos un altar en Bet-el y nunca impactaremos nuestra cultura para Cristo.

Mi oración es que la historia de Abraham y su peregrinaje desde Harán hasta Canaán encienda un deseo en su corazón, un deseo de avivamiento, un deseo de experimentar la realidad de Dios en su vida, un deseo de entrar a la tierra que Dios le ha prometido.

Otro gran despertar

J. Edwin Orr fue amigo mío y un gran maestro de la Palabra de Dios. Durante la década de 1970 tuve el gozo de tenerlo como mentor. Era una autoridad en los despertares y avivamientos que tuvieron lugar a lo largo de la historia de la iglesia. Él dijo que inmediatamente después de la Guerra de Independencia, la fibra moral y la condición espiritual de los Estados Unidos iban en picada. El alcoholismo estaba descontrolado, el crimen aumentaba y la asistencia a la iglesia disminuía. John Marshall, el presidente del Tribunal Supremo de los Estados Unidos en ese tiempo, escribió una carta a James Madison, el padre de la Constitución, y dijo que la iglesia cristiana en los Estados Unidos estaba «demasiado mal como para ser redimida». Y Thomas Paine, uno de los líderes intelectuales de la Revolución de las Trece Colonias, predijo: «El cristianismo será olvidado en treinta años».[7]

En una encuesta al cuerpo estudiantil de Harvard se halló que no había un solo estudiante en el campus que creyera en Jesucristo. En el campus de Princeton, la vasta mayoría de estudiantes participaba en lo que ellos llamaban el «movimiento del lenguaje sucio». En Williams College los estudiantes realizaron una parodia de la comunión y blasfemaron en contra del Señor

Jesús. En Nueva Jersey los estudiantes quemaron una Biblia en una hoguera pública. El crimen se desbordaba y las mujeres temían salir a las calles.[8]

En 1794, cuando la nueva nación americana se hundía en la impiedad y la depravación, un predicador de Connecticut, llamado Isaac Backus, comenzó a realizar reuniones de oración en su iglesia. El pastor Backus había sido un influyente ministro durante la Guerra de Independencia, y su libro de 1778, *Government and Liberty Described and Ecclesiastical Tyranny Exposed* [El gobierno y la libertad descritos y la tiranía eclesiástica expuesta], fue una gran influencia en las cláusulas de la libertad religiosa que los padres fundadores escribieron en la Primera Enmienda de la Constitución. Backus también formó una alianza con otros veinticuatro ministros de Nueva Inglaterra con la meta de orar regularmente por un despertar espiritual a lo largo de los Estados Unidos. Llamaron a estas sesiones de oración «un concierto de oración».

Para 1798, las iglesias a lo largo de las trece excolonias estaban realizando reuniones de oración, confesando su pecado y rogando a Dios por un avivamiento. Y un avivamiento de alcance nacional estalló a lo largo de los Estados Unidos, y especialmente en los campus universitarios. Este avivamiento se conoció como el Segundo Gran Despertar. Como una vez preguntó el doctor Orr: «¿No es esto lo que está faltando tanto en todos nuestros esfuerzos evangelísticos: consenso explícito, unidad visible y oración inusual?».[9]

El cambio sucederá cuando el pueblo de Dios se arrepienta de su pecado y se vuelva a Él. El avivamiento comienza con el arrepentimiento, y el arrepentimiento comienza con nosotros, no con el mundo exterior, no con el gobierno, no con la sociedad, sino con nosotros. Cuando el pueblo de Dios se arrepienta de su pecado, se vuelva a Él y se vuelva ferviente en orar, ¡entonces cuidado! Dios va a moverse entre su pueblo.

Dé el primer paso. Salga de su Harán. Gire su paso hacia Canaán. Cuente las estrellas de las promesas de Dios, incluso cuando no pueda verlas. Dios está cumpliendo las promesas que hizo a Abraham, y las está cumpliendo en su vida y en la mía.

3

Falta de fe

Desde Watergate hasta el escándalo de Monica Lewinsky, y hasta casi cada escándalo que ha involucrado a funcionarios públicos, hemos visto que no es la felonía inicial la que usualmente lleva a la vergüenza y a la ruina. Las peores consecuencias, los problemas más profundos, siempre parecen venir del encubrimiento.

La Biblia nos advierte una y otra vez que la confesión trae sanidad, perdón y la restauración de Dios a nuestra vida. Encubrir el pecado, racionalizarlo o culpar a otros solo lleva a un dolor más profundo. Como el salmista escribe:

> Mientras callé, se envejecieron mis huesos
> En mi gemir todo el día.
> Porque de día y de noche se agravó sobre mí tu mano;
> Se volvió mi verdor en sequedades de verano.
> Mi pecado te declaré, y no encubrí mi iniquidad.
> Dije: Confesaré mis transgresiones a Jehová;
> Y tú perdonaste la maldad de mi pecado. (Sal. 32:3-5)

Aparte del patriarca Abraham, existen más ejemplos de este principio. Hasta ahora, hemos visto a Abraham básicamente como un modelo de fe y obediencia, un amigo de Dios quien contó las estrellas de las promesas de Dios incluso cuando no podía ver ninguna. Sí, permaneció más tiempo del que debía en Harán, pero probablemente lo hizo en deferencia y por respeto a su padre, Taré. Pero como estamos a punto de ver, este héroe de la fe ciertamente tenía pies de barro. Era propenso a pecar y a engañar tal como nosotros, y pronto aprendería una muy dolorosa lección acerca de las consecuencias de mentir y encubrir el pecado.

Los que descienden a Egipto

Si en las próximas páginas parezco ser duro con Abraham, por favor sepa que ese no es mi propósito. Yo me identifico con Abraham, incluyendo sus faltas y fracasos. Tomó algunas desviaciones a lo largo del camino a su destino en Canaán, y yo he tomado algunas desviaciones espirituales también. Los versículos finales de Génesis 12 nos dicen lo que Abraham hizo después de que edificó un altar al Señor en Bet-el:

> Y Abram partió de allí, caminando y yendo hacia el Neguev. Hubo entonces hambre en la tierra, y descendió Abram a Egipto para morar allá; porque era grande el hambre en la tierra. Y aconteció que cuando estaba para entrar en Egipto, dijo a Sarai su mujer: He aquí, ahora conozco que eres mujer de hermoso aspecto; y cuando te vean los egipcios, dirán: Su mujer es; y me matarán a mí, y a ti te reservarán la vida. Ahora, pues, di que eres mi hermana, para que me vaya bien por causa tuya, y viva mi alma por causa de ti. (vv. 9-13)

Abraham salió de Bet-el hacia el sur y acampó en el Neguev, una región desértica que comprende la mitad del sur del Israel moderno. Quizá Abraham se preocupó de que pudiera tener problemas con sus vecinos, los cananeos. Así que se movilizó a una parte menos poblada de la tierra prometida.

Cuando una hambruna ensombreció la tierra, Abraham tomó a su esposa y a sus posesiones y se dirigió a Egipto. A lo largo de las Escrituras, Egipto simboliza alejarse de Dios. Egipto representa para nosotros nuestra tendencia tan humana de confiar en nuestro propio ingenio humano y nuestras capacidades en lugar de confiar en Dios. Egipto es sinónimo de una carencia de fe, con el error de andar por vista en vez de andar por fe. El profeta Isaías nos dice:

> ¡Ay de los que descienden a Egipto por ayuda, y confían en caballos; y su esperanza ponen en carros, porque son muchos, y en jinetes, porque son valientes; y no miran al Santo de Israel, ni buscan a Jehová! (Is. 31:1)

Isaías no estaba hablando aquí de una ubicación geográfica en el África nororiental. Cuando habla de «Egipto» está hablando acerca de la actitud del corazón. Está hablando acerca de aquellos que se vuelven en busca de ayuda ya sea a un Egipto literal o metafórico en vez de volverse a Dios. La única razón para volverse a Egipto por ayuda es la falta de fe en Dios.

Su vida... ¿o su esposa?

En su vida y la mía, «descender a Egipto» puede tomar muchas formas. Puede significar poner nuestra confianza en un amigo solo para hallar que nuestro amigo nos decepciona o nos hiere profundamente. O puede significar poner nuestra confianza en nuestra propia fuerza e ingenio, solo para terminar profundamente desilusionados con las elecciones que hemos hecho.

Cuando el hambre llegó a la tierra, Abraham descendió a Egipto en lugar de volverse a Dios por ayuda y sustento. El momento en que giró sus pasos hacia Egipto, Abraham el peregrino se convirtió en Abraham el vagabundo. Me puedo identificar con Abraham. He cometido el mismo error espiritual en mi propia vida... más de una vez.

Su Egipto puede ser diferente del de otra persona. Pero el patrón siempre será el mismo. He aquí lo que sucede cuando usted desarrolla una dependencia de Egipto: cualquier cosa que pueda ser su Egipto, ya sea su patrimonio neto, sus talentos y habilidades, su reputación y posición en la comunidad, su salud y condición física, o cualquier otra cosa, hallará que el momento en el que comienza a poner su fe y confianza en Egipto, su intimidad con Dios comenzará a morir. Probablemente ni se dará cuenta, pero su afecto hacia Dios y su emoción por conocerle comenzará a desvanecerse. Su amor por Él se enfriará. Su relación con Él se volverá formal y distante.

Recuerdo que cuando fui a mi Egipto metafórico, no podía soportar a los pastores durante ese tiempo. No podía escuchar predicar la Palabra. Racionalicé esos sentimientos de irritación y culpé a los predicadores, pero ellos no eran el problema. El problema era mi propio corazón.

Cuando estamos en un estado mental de Egipto, comenzamos a racionalizar, culpar a otros y decirnos a nosotros mismos que la culpa recae en cualquier lugar menos en nosotros. Decimos: «Oh, realmente quiero obedecer a Dios, pero tengo necesidades que satisfacer»; «Le pedí a Dios que me sacara de esta situación, y no lo hizo, así que tuve que mentir; Dios no me dejó opción»; «Dios no ha respondido mis oraciones de proveer lo que necesito, así que voy a tener que depender de mis propias estrategias e ingenio». Puede ser que no lo verbalice, pero en algún nivel, así es como todos pensamos cuando nos refugiamos en Egipto en lugar de en el Señor.

Abraham había levantado un altar en Bet-el y ahí invocó al Señor, pero luego se alejó de Bet-el. No lejos, solo un poco al sur, al Neguev, lejos de sus vecinos, los cananeos. Pero el Neguev está de camino a Egipto. Abraham no debió dejar su altar en Bet-el. Debió haber permanecido en Canaán y confiado en el Señor para tratar con los cananeos.

El Señor personalmente apareció a Abraham y le hizo promesas. Abraham había puesto su fe en Dios cuando Él le dijo que dejara su hogar en Ur de los caldeos e hiciera el peregrinaje a una nueva tierra. Pero después anduvo sin rumbo. Racionalizó. Se movió hacia el sur. Y cuando la hambruna llegó, no miró al norte hacia su altar en Bet-el. Miró al sur hacia Egipto.

Pronto tomó la funesta decisión de descender a Egipto por ayuda en su tiempo de necesidad. Antes de darse cuenta, Abraham estaba dejando la tierra que Dios le había prometido y estaba buscando la ayuda de los impíos egipcios en vez de la del propio Dios.

Antes de que lograra poner un pie en suelo egipcio, Abraham comenzó a maquinar una mentira. Le dijo a su hermosa esposa: «Cuando los egipcios te vean... me matarán, pero te dejarán vivir a ti. Diles que eres mi hermana, para que me traten bien debido a ti y mi vida sea perdonada por tu causa». Entonces fueron a Egipto.

> Y aconteció que cuando entró Abram en Egipto, los egipcios vieron que la mujer era hermosa en gran manera. También la vieron los príncipes de Faraón, y la alabaron delante de él; y fue llevada la mujer a casa de Faraón. E hizo bien a

> Abram por causa de ella; y él tuvo ovejas, vacas, asnos, siervos, criadas, asnas y camellos. Mas Jehová hirió a Faraón y a su casa con grandes plagas, por causa de Sarai mujer de Abram. Entonces Faraón llamó a Abram, y le dijo: ¿Qué es esto que has hecho conmigo? ¿Por qué no me declaraste que era tu mujer? ¿Por qué dijiste: Es mi hermana, poniéndome en ocasión de tomarla para mí por mujer? Ahora, pues, he aquí tu mujer; tómala, y vete. Entonces Faraón dio orden a su gente acerca de Abram; y le acompañaron, y a su mujer, con todo lo que tenía. (Gn. 12:14-20)

Abraham mintió y puso el honor de su esposa en riesgo. Cuando el pasaje dice que los príncipes egipcios «la alabaron delante de él; y fue llevada la mujer a la casa de Faraón», no significa que le dieron un recorrido por el lugar. Significa que se convirtió en una de las concubinas en el harem del faraón. Por su mentira y maquinación, Abraham había puesto a su esposa en un lugar terrible.

Seis pasos a Egipto

Hay seis pasos que damos cuando nos alejamos de Bet-el, de confiar en el Señor, seis pasos que nos dirigen hacia Egipto, hacia confiar en nuestros propios recursos. Si usted se identifica con alguno de estos seis pasos, por favor comprenda que nunca es tarde. Puede regresar hoy, justo ahora, al mismo corazón de adoración y comunión con Dios.

Paso #1: Comenzamos a confiar únicamente en la lógica humana

Note la palabra *únicamente* en el paso #1. No hay nada malo con la lógica humana. Dios inventó la lógica. Nos dio mente con la cual pensar, razonar y entender. Pero cuando comenzamos a usar únicamente la lógica humana, vamos a tener problemas. Cuando Abraham se dio cuenta de que estaba viviendo en tierra de hambruna, comprendió razonable y lógicamente que sus vecinos cananeos estaban en el mismo aprieto que él. Supo que no se esforzarían por ayudar a un extraño. Tenían suficientes problemas para hallar alimento por sí mismos. Abraham tuvo una buena y lógica comprensión de su situación.

¿Qué hizo como respuesta? ¿Fue al Dios que se le había aparecido a Bet-el? ¿Pidió la ayuda del Dios que le había hecho promesas por septuplicado? ¿Le pidió ayuda al Dios que lo llamó a salir de Ur de los caldeos e ir a Canaán? No, no buscó los recursos de Dios. Usando solo la lógica humana, volvió sus ojos hacia el sur, hacia Egipto. La lógica humana está bien para cierta clase de problemas, pero la lógica humana no está a la altura de situaciones desesperadas como una hambruna. La visión humana puede ver hasta cierta distancia. La lógica humana no puede ver el panorama completo. Cuando un problema es tan grande que solo Dios puede solucionarlo, aplicar simplemente la lógica humana solo empeorará las cosas. Necesitamos la perspectiva de Dios. Él es mayor que todas nuestras circunstancias, y tiene poder ilimitado para solucionar todas nuestras crisis.

Números 13 cuenta la historia de los doce espías que Moisés envió a Canaán, el futuro hogar de Israel, para explorar la tierra. Cuando lo espías regresaron con su reporte, diez estaban en contra de cruzar hacia Canaán. Dijeron: «Nos vemos como débiles langostitas comparados con los poderosos cananeos». Dudaron de las promesas de Dios. Únicamente dos de los espías, Josué y Caleb, vieron la tierra a través de los ojos de la fe. Eran hombres racionales y lógicos, y reconocieron los peligros y obstáculos que se les presentaban. Pero creyeron que Dios era mayor que los cananeos y mayor que cualquier obstáculo en la tierra de Canaán. Dijeron, en efecto: «Estos cananeos no son rivales para nuestro Dios. Vayamos a tomar la tierra».

Cuando miramos nuestras circunstancias a través de los ojos de la lógica, a menudo nos vemos a nosotros mismos como langostas. Porque fallamos en abrir nuestros ojos de la fe, estamos espiritualmente ciegos. Como los diez espías que regresaron de Canaán, estamos entre la mayoría, pero es una mayoría temerosa y dudosa. El lugar de la bendición y la victoria están con la minoría fiel, Josué y Caleb.

David Roper, director de Idaho Mountain Ministries, cuenta de un amigo que una vez le preguntó a alguien: «¿Cómo estás?». La otra persona respondió: «Estoy bien, bajo estas circunstancias». El amigo de Roper preguntó: «¿Qué estás haciendo allá abajo?».[1] Esta es la razón por la que a menudo nos sentimos derrotados y desanimados. Estamos bajo las circunstancias en vez de ser levantados por una exuberante y confiada fe en Dios.

Al usar únicamente la lógica humana, no podemos ver el panorama completo, y terminamos bajo nuestras circunstancias en vez de triunfar sobre ellas. Abra sus ojos de la fe. Mire sus circunstancias desde la perspectiva de Dios. Permanezca en Bet-el, cerca del altar, cerca del Señor. Y haga lo que haga, manténgase lejos de Egipto.

Paso #2: Dejamos de adorar

Dejar de adorar no solo significa que dejamos de asistir a la iglesia, aunque eso es normalmente parte de ello. Quiero decir que nuestros tiempos personales de adoración y oración se reducen, se hacen más infrecuentes y menos significativos y sinceros. A la larga, esos tiempos devocionales con el Señor cesan del todo. Dejamos de hablar con Dios, de cantar alabanzas a Dios e incluso de pensar en Dios. Nos volvemos mundanos. Estamos fuera en el desierto espiritual que es nuestro Egipto.

El nombre *Bet-el* significa «casa de Dios». Abraham edificó un altar allí, y ese lugar se convirtió en «la casa de Dios», en donde él se reunió con Dios y Dios le habló. En ningún lugar de las Escrituras dice que cuando Abraham se fue a Egipto edificó un altar a Dios ahí como lo hizo en Bet-el. No tenemos registro de que él haya adorado a Dios en Egipto. Lo único que sabemos es que se le ocurrió un plan absurdo para engañar a los egipcios y salvar su propio pellejo. Debido a esa argucia, Abraham abandonó Egipto en humillación.

Cuando Abraham utilizó su lógica humana, cuando dejó de adorar a Dios, perdió de vista el panorama completo. Perdió de vista a Dios y a su poder. Cuando abandonamos nuestro altar de adoración, cuando nos movemos de Bet-el y descendemos a Egipto, perdemos de vista el gozo de estar en la presencia de Dios. Sabemos que debemos adorarlo, pero toda la idea de la adoración ahora parece aburrida, como un deber, nada más que monotonía. Sucede lenta y gradualmente, pero pronto hallamos que nuestra perspectiva se ha vuelto ciento por ciento egipcia. Difícilmente recordamos lo que era adorar a Dios y disfrutar de su presencia.

Charles Haddon Spurgeon, aquel gran predicador de antaño, fue editor de una revista mensual, *The Sword and the Trowel*. En el número de marzo de 1887, Spurgeon publicó un artículo llamado «El grado de descenso», escrito por su amigo, Robert Shindler. Tanto Spurgeon como Shindler se oponían a una tendencia que vieron entre algunos ministros e iglesias de (en palabras de Spurgeon) «negar la propia deidad del Hijo de Dios, [y] renunciar a la fe en su muerte expiatoria».[2] Aquello que rechazaron, esas doctrinas esenciales de la fe cristiana, estaban en una pendiente descendente o resbaladiza.

Para Spurgeon, la verdad bíblica es como el punto más alto de una montaña. Permanezca en ese punto alto y estaremos en la cúspide de la montaña. Permanezca en la verdad de Dios y estará en el pináculo de la verdad. Si damos un paso en contra del punto más alto de la montaña, en cualquier dirección, ya no estamos en el pináculo, estamos en la pendiente que va cuesta abajo hacia el error y la destrucción.

Si usted ha caminado lejos de la verdad de Dios, si se ha deslizado hacia abajo en la resbalosa pendiente hacia el error, puede trepar de regreso hacia la cúspide. Ponga su confianza en Dios. Regrese al corazón de la adoración, al centro de la verdad.

Muchos cristianos erróneamente piensan que asistir a la iglesia por una hora o dos el domingo les dará la victoria a lo largo de la semana. El mundo es demasiado poderoso y el diablo es muy convincente para que usted solo pase una hora a la semana con Dios. Pase tiempo en adoración y comunión privada con el Señor, leyendo su Palabra y orando, y escuchando la voz suave y apacible de su Espíritu. Y pase tiempo en comunión con otros creyentes en un pequeño grupo de estudio bíblico o reunión de oración. No hay sustituto para la comunión diaria con el Señor y un empujón espiritual a media semana con otros creyentes. Si persevera en una adoración regular e incluso continua, nunca se hallará a sí mismo atraído hacia ese famoso Egipto y a la regresión y fracaso espirituales que representa.

Paso #3: Nos volvemos orgullosamente autosuficientes

Vemos nuestros logros, nuestra educación, nuestra cuenta de banco, nuestras posesiones, y aunque probablemente no lo digamos en voz alta, podemos pensar: *Lo estoy haciendo muy bien por mi cuenta, he logrado alcanzar todas estas cosas. Ah, por cierto, gracias, Señor, por hacerme tan talentoso y brillante.*

Hablamos a Dios de labios para afuera, pero únicamente porque pensamos que debemos hacerlo. Realmente sentimos que lo hicimos por nosotros mismos.

Abraham probablemente pensó para sí: *Esos tontos egipcios [aunque soy egipcio de nacimiento, no lo tomo personal]. Los engañé. Faraón se llevó a mi esposa a su harem, ¡y debido a ella, me están tratando como príncipe y me dan ovejas, ganado, asnos, camellos y sirvientes! ¿Sé planear o no? Ahora, si tan solo pudiera planear cómo sacar a mi pobre esposa del harem...*

Abraham no confió en que Dios proveería para él durante la hambruna en Canaán, y no confió en que Dios lo protegería de Faraón. Olvidó las promesas de Dios. Mientras estaba en Egipto olvidó todo lo relacionado a contar estrellas. Tomó el asunto en sus propias manos e inventó un engañoso plan con Sara. Cuando estaba edificando un altar en Bet-el, Abraham era el ejemplo de fe y virtud, pero una vez que llegó a Egipto, ¡se convirtió en un estafador! Y la primera persona a la que estafó fue a sí mismo. Se convenció de que en realidad no estaba mintiendo porque estaba diciendo una media verdad, y todos hemos participado en racionalizaciones engañosas, ¿no es así? Sé que lo hemos hecho.

Aprendemos acerca de la racionalización de Abraham por mentir acerca de Sara en Génesis 20:11-12, donde Abraham dice: «Porque dije para mí: Ciertamente no hay temor de Dios en este lugar, y me matarán por causa de mi mujer. Y a la verdad también es mi hermana, hija de mi padre, mas no hija de mi madre, y la tomé por mujer». Está tratando de convencerse a sí mismo de que en *realidad* no está mintiendo al llamar a Sara su hermana porque en realidad es su *media* hermana.

Abraham sabe más. Sabe que la información más importante que Faraón debe tener no es quién es el familiar más cercano de Sara sino su estado civil. Y al no decir la verdad acerca del estado civil de Sara, Abraham estaba perpetrando una mentira por omisión. Y una mentira es una mentira, no importa cómo la diga usted o cómo intente racionalizarla.

Dios no guiña el ojo a las mentiras. Puede ser que no permita que las consecuencias de nuestras mentiras caigan sobre nosotros inmediatamente. Podemos no sufrir las consecuencias de nuestras mentiras por una semana, un mes o un año. Puede darnos tiempo para arrepentirnos. Pero Dios no guiña el ojo al pecado. Él perdona el pecado, pero no le guiña el ojo. Perdona nuestras mentiras cuando se las confesamos y nos arrepentimos de ellas, pero el perdón no elimina las consecuencias naturales que nuestras mentiras hacen caer sobre nosotros.

Probablemente Abraham se sintió muy hábil y autosuficiente mientras engañaba a los egipcios, pero no estaba viviendo por fe, no confiaba en Dios, y no lo obedecía. Estaba engañando, no creyendo.

Paso #4: Nuestro pecado no confesado lleva a más pecado, no a menos

Abraham había dejado de ser un peregrino y se había convertido en un vagabundo espiritual. Dios tuvo que intervenir para proteger la promesa que le hizo, porque Abraham estuvo a punto de arruinar el plan de Dios. Hay un mundo de diferencia entre pecar y arrepentirse inmediatamente de ese pecado, y pecar y permanecer en el pecado. Somos propensos a pensar en nuestros pecados como actos aislados, pero el pecado tiende a acumular otros pecados a su alrededor. El pecado es como una bola de nieve rodando cuesta abajo por una colina nevada: se hace más grande y más grande y más grande.

Vemos este principio en la historia de David y Betsabé en 2 Samuel 11. Primero, David vio a Betsabé bañándose en su azotea, y la deseó. Ese fue el pecado inicial. Luego los pecados comenzaron a aumentar. Él envió por ella y cometió adulterio con ella… otro pecado. Luego intentó cubrir su pecado con mentiras, más y más pecados. Trató de manipular y engañar al esposo de Betsabé, Uría el heteo… más pecados todavía. Cuando sus mentiras ya no funcionaban, planeó que Urías fuera asesinado, el mayor pecado de todos. Y esta gran bola de nieve compuesta de pecado comenzó con un simple momento de lujuria, el equivalente a mirar pornografía en Internet.

El pecado es dinámico, no estático. Crece. Y el pecado siempre es más grande y más fuerte que nosotros. Solo hay una fuerza en el universo más poderosa que el pecado, y esa es la sangre que Jesucristo derramó en el Calvario. Es por eso que únicamente la sangre de Jesús puede curar nuestro pecado.

Paso #5: Nuestro pecado resultará en una pérdida terrible

Abraham pensó que había concebido un astuto plan, no obstante, este terminó en desastre. Abraham pensó que Sara era su fuente de ingresos y podría alargar sus negociaciones con Faraón, hacerse más y más rico. Pero su plan salió contraproducente.

Ahora bien, estoy seguro que Abraham sufrió un momento de absoluta conmoción y horror cuando los funcionarios egipcios llegaron por Sara para llevársela al harem de Faraón. Su amada esposa bien podría terminar teniendo que ensuciarse con un acto de adulterio a fin de salvar a Abraham de la muerte. Abraham no previó a dónde llevaría su plan. La experiencia de Abraham ilustra un principio bíblico: siempre que elijamos nuestro propio camino en vez de obedecer el camino de Dios, nos arriesgamos a perder todo lo que es importante para nosotros. No recuerdo quién lo dijo, pero esta declaración es devastadoramente cierta: «Puede ser que nos traten bien cuando buscamos la amistad del mundo, pero esa es una compensación muy pobre por lo que perderemos».

Para Abraham no hubo altar en Egipto, ni comunión con Dios en Egipto, ni nuevas promesas en Egipto. No hubo nada para Abraham en Egipto sino la traición a su matrimonio y la desolación de su casa.

Paso #6: Nuestro pecado no confesado produce humillación que nos reprende

La mayor bendición en la fe cristiana es que Dios no suelta a sus hijos. Nunca nos deja ir. Cuando nos adopta y nos da su nombre, nos acuna en la palma de su mano. Nada pude sacarnos de esas manos amorosas y paternales. Como hijos de Dios, no nos perderemos incluso si lo intentamos, o incluso si otros lo intentan, e incluso si el mundo o Satanás lo intentan. Estoy tan agradecido al Señor por esta verdad. Estoy muy agradecido de que Él me haya sacado de mi famoso Egipto y me haya regresado junto al altar de Bet-el. Pero créame, cuando Dios me sacó de mi Egipto, las suelas de mis zapatos dejaron surcos profundos en la arena, porque no quería abandonar mi pecado, mi ambición egoísta y mis obstinados caminos. Dios, por su gracia, me sacó de mi Egipto y me regresó a Él, y ese es el mayor regalo que Él podría haberme dado.

Algunas veces, Dios nos saca de Egipto para revelarnos nuestro pecado y exponer nuestros secretos. Piense en sus peores pecados, los secretos que oculta de todos. ¿Qué pasaría si esos pecados fueran expuestos? ¿Qué si su cónyuge lo descubriera? ¿Qué pasaría si sus hijos supieran? ¿Qué sucedería si se convirtiera en una historia en las noticias y todos se enteraran? Por horroroso que pueda parecer, a veces sucede. Les sucede a presidentes, miembros del Congreso, jueces, pastores prominentes, celebridades, magnates de estudios cinematográficos y de televisión, e incluso individuos comunes.

Si quiere dormir bien todas las noches, si nunca quiere preocuparse porque sus secretos sean expuestos, sincérese con Dios. Arrepiéntase. Trate con su pecado. Pida a un creyente confiable que lo mantenga rindiendo cuentas acerca de los rincones ocultos de su vida. Asegúrese que la persona que usted es en público sea la misma persona que es en privado.

Si el pecado ocasiona una profunda humillación en su vida, puede pensar que son malas noticias. Pero realmente son buenas noticias. Dios está permitiendo esa humillación que reprende su vida para bendecirle. Puede sentirse como si Dios lo estuviera destruyendo, pero a los ojos de la eternidad, Él está salvando su alma.

Salga de Egipto

En este relato, vemos al pagano faraón ser usado por Dios para reprender y humillar a Abraham con la finalidad de llevarlo de regreso a sus cabales. Este rey pagano egipcio está enderezando a Abraham, el amigo de Dios. Después de que el Señor infligiera enfermedades sobre él y su casa, el faraón le dijo a Abraham: «¿Qué me has hecho? ¿Por qué no me dijiste que ella era tu esposa? ¿Por qué dijiste: Es mi hermana, de modo que yo la tomara para ser mi esposa? Ahora, aquí está tu esposa. ¡Tómala y vete!».

Fue un Abraham escarmentado y más sabio el que partió de Egipto y regresó a Canaán a donde pertenecía. Abraham regresó a Bet-el. De haber permanecido en Canaán durante la hambruna, podía haber sufrido, pero su fe hubiera crecido. Hubiera visto la provisión sobrenatural y milagrosa de Dios. Abraham atrofió su propio crecimiento espiritual al irse a Egipto.

Cuando era un joven cristiano y enfrenté tiempos difíciles y circunstancias intimidantes, clamaba a Dios en oración: «¡Señor, sácame de aquí! ¡Rescátame! ¿No te importo? ¿No me amas? ¿Me has abandonado?». Pero después de décadas de caminar con el Señor, sé que las aparentes imposibilidades son simplemente oportunidades para crecer de manera más profunda en mi fe, oportunidades para decir: «Confío en ti, Señor, para dirigirme a través de esta prueba. Busco ver tu poderosa mano obrar, incluso a través de esta situación aparentemente imposible».

Abraham descubrió por las malas que se necesita más gracia para permanecer en Canaán que para correr a Egipto. Dios nos ama, y quiere que arreglemos nuestros pasos de fe para llevarnos hacia arriba y hacia delante con Él. Ya sea que usted esté adorando en Bet-el o desobedeciendo en Egipto o en algún lugar intermedio, ya sea que esté en el paso #1 o en el paso #6, aún puede elegir ir hacia donde Dios le llama y seguir hacia donde Él lo lleve.

Con todo mi corazón, en la autoridad de la Palabra de Dios, le ruego que actúe con base en esta verdad ahora mismo: nunca es demasiado tarde para regresar al altar de la adoración.

4

La promesa de Dios renovada

Janez Rus era un zapatero en Yugoslavia cuando la Alemania nazi invadió el país en 1941. Su hermano Joze se unió a la resistencia yugoslava, pero Janez eligió aliarse con los nazis. Cooperó con ellos y fue muy claro en su apoyo a Adolf Hitler. Sus vecinos odiaban a Hitler y despreciaban a Janez Rus por apoyar a los alemanes invasores.

Después de que Alemania fue derrotada en 1945, Janez Rus desapareció. Nadie supo qué había sucedido con él. Su hermano había muerto en combate en 1943, y su madre y hermana dijeron que no tenían idea de lo que había sucedido con Janez. Pasaron los años. La gente se olvidó por completo de Janez Rus.

Un día a finales de 1977, la hermana de Janez Rus visitó una panadería en la aldea de Zalna y compró un gran suministro de pan. A alguien que atestiguó la compra le pareció sospechoso y se puso en contacto con la policía. La policía fue a la granja donde la hermana vivía y le preguntó por qué había comprado tanto pan. En ese momento ella se echó a llorar y admitió que su hermano Janez estaba ocultándose en el ático de la casa.

Janez descendió y habló con el policía. El oficial revisó sus registros y halló que no se había levantado ningún cargo contra el hombre. Era libre para reanudar su vida normal. Tenía sesenta y cuatro años y había pasado treinta y dos años (la mitad de su vida) ocultándose por el temor. A lo largo de todos esos años, no había ido a ningún lugar, excepto al granero, al taller o al ático de esa granja. Nunca había hablado con otro ser humano excepto su madre y su hermana. Todo ese tiempo temió que el gobierno de Yugoslavia fuera a arrestarlo por sus actividades a favor de los nazis.

Más tarde, entrevistado por el diario de Belgrado, *Politka*, Janez Rus dijo que había llorado cuando escuchó voces alegres afuera. Cuando su madre murió en 1966 no se atrevió a asistir al funeral por miedo a ser arrestado. Si la policía no hubiera llegado a investigar la compra de pan de su hermana, dijo, él hubiese permanecido oculto por el resto de su vida. «A lo largo de estos años no hice nada —dijo, y luego añadió—: A través de las ventanas miraba hacia la aldea en el valle. La gente rara vez pasaba por nuestra casa... No había salida y me reconcilié con el destino de un hombre desaparecido».

El entrevistador del diario observó que, debido a su temor, Janez Rus se había «sentenciado a sí mismo a un castigo que ningún tribunal podría imponerle».[1] Un temor infundado e innecesario fue la prisión de este hombre por treinta y dos años.

Todos sabemos lo que se siente tener temor. Todos hemos experimentado miedo en una u otra forma. Cada uno tratamos con el temor a nuestra manera, y tememos algunas cosas más que otras. Un miedo que podría aterrorizar a una persona puede parecerle trivial e irracional a otra. Algunas personas experimentan un sentido generalizado de ansiedad y temor y tienen problemas al expresar por qué se sienten de esa forma.

El temor al fracaso evita que muchas personas alcancen todo su potencial para Dios. El miedo a la crítica detiene a la gente de lograr grandes cosas para Dios. El temor a lo desconocido encadena a algunas personas a lo que es cómodo y familiar, tienen miedo de salir y vivir la aventura de la fe.

Pero hay también un tipo de miedo que nos sujeta solo después de que experimentamos un éxito importante o alcanzamos una gran meta. La Biblia ofrece muchos ejemplos de este tipo de temor, y vamos a ver esta forma de miedo en la vida de Abraham. Lo veremos mostrar increíble valentía y coraje frente a enemigos mortales. Lo veremos ganar una gran victoria. Y luego... veremos a Abraham caer en un bajón de miedo y ansiedad.

El Rambo de Génesis

Abraham regresó al Neguev desde Egipto. Llevó consigo el ganado, la plata y el oro que había obtenido en Egipto. Viajó por la tierra hasta que llegó a Bet-el, en donde había edificado el altar. Ahí, una vez más, Abraham invocó al Señor en oración. Después de salirse del carril en Egipto, estaba de regreso a la comunión con Dios.

Vemos la actitud piadosa y desinteresada del Abraham renovado espiritualmente en un incidente de Génesis 13, en el cual se inicia una disputa entre los pastores de Abraham y los de su sobrino, Lot. No había suficiente agua ni tierra de pastoreo para las manadas y los rebaños de ambos hombres, así que Abraham fue hacia Lot y le dijo: «No haya ahora altercado entre nosotros dos, entre mis pastores y los tuyos, porque somos hermanos. ¿No está toda la tierra delante de ti? Yo te ruego que te apartes de mí. Si fueres a la mano izquierda, yo iré a la derecha; y si tú a la derecha, yo iré a la izquierda» (vv. 8, 9).

Lot respondió de forma egoísta; eligió la tierra exuberante y fértil de las llanuras del Jordán hacia las ciudades de Sodoma y Gomorra. Esto dejó a Abraham con las tierras menos productivas y más áridas de Canaán.

En Génesis 14, descubrimos un lado de Abraham que no hemos visto antes. Resulta que contar las estrellas de las promesas de Dios había convertido a Abraham en un Rambo del Antiguo Testamento. Había terroristas en la tierra en aquellos días, tal como hay terroristas aún en esa tierra hoy. Los terroristas invadieron Sodoma y Gomorra y otros pueblos del área del Mar Muerto. Saqueaban toda la ciudad, secuestraban personas, y los retenían a cambio de un rescate o los esclavizaban. Los terroristas de Elam, Goyim, Sinar y Elasar asaltaron Sodoma, en donde vivía Lot, el sobrino de Abraham, y secuestraron a Lot y a su familia. Cuando la noticia del rapto de Lot llegó al amable y generoso tío Abraham, el anciano supo que era hora de entrar en acción. Aunque tenía ochenta y cinco años, era un héroe de acción octogenario.

No hay nada en el libro de Génesis hasta este punto que sugiera que Abraham tuviera entrenamiento y experiencia militares. Pero Abraham se armó no solo con el arsenal de esa era sino también con la promesa de Dios. Sabía que Dios había prometido hacer una gran nación de él. Abraham estaba contando las estrellas, aunque no podía ver ninguna. Sabía que, con el fin de que la promesa de Dios se mantuviera, él debería sobrevivir a la batalla, y este conocimiento apuntaló su confianza y coraje.

Abraham reunió a 318 guerreros, hombres que habían nacido en su casa y estaban entrenados en el arte de la guerra. Eran el tipo de guerreros de élite que ahora llamamos Boinas Verdes o Fuerzas de Operaciones Especiales de la Marina de EE. UU. Dividió sus fuerzas y los dirigió en un ataque nocturno para liberar a Lot y a los otros rehenes de los terroristas. Abraham rodeó y atacó el campamento en la oscuridad de la noche, y tomó a los terroristas por sorpresa. Muchos de los enemigos murieron en la feroz batalla. Otros huyeron, llevándose a los rehenes consigo.

Con Abraham a la cabeza, sus fuerzas persiguieron a los terroristas que huían por todo el camino hasta la ciudad de Hoba, al norte de Damasco, una persecución de más de cien millas. Abraham y sus hombres alcanzaron a los terroristas, lucharon y los derrotaron, y rescataron a Lot y a los otros rehenes. También recuperaron todas las riquezas que los terroristas habían saqueado de Sodoma y los otros pueblos.

Cuando Abraham y sus 318 guerreros de élite regresaron de la batalla, puede estar seguro de que recibieron una bienvenida de héroes, con un desfile y una gran fiesta. El rey de Sodoma estaba ahí, y estaba tan agradecido que le ofreció a Abraham un cheque en blanco e invitó a que lo llenara con cualquier suma. Si Abraham hubiera aceptado la oferta del rey, se hubiera convertido en archimillonario. Podría haber tenido el rancho más grande de Medio Oriente. Abraham probablemente halló tentadora la oferta del rey.

Pero Abraham recordó la promesa que Dios le había hecho. Recordó que Dios lo había llamado a contar estrellas, aunque no pudiera ver ninguna. Recordó que era Dios quien iba a bendecirlo, no el rey de Sodoma. Así que Abraham declinó rotundamente la oferta, diciendo: «He alzado mi mano a Jehová Dios Altísimo, creador de los cielos y de la tierra, que desde un hilo hasta una correa de calzado, nada tomaré de todo lo que es tuyo, para que no digas: Yo enriquecí a Abram» (Gn. 14:22, 23). Aunque Abraham había fallado a Dios en Egipto, había renovado su fe en las promesas de Dios en el altar de Bet-el. Debido a que una vez más confió en las promesas de Dios, Abraham ya no era un estafador, como lo había sido en Egipto. Ahora era un hombre de principios inquebrantables e integridad sólida cual la roca. El mismo hombre que había aceptado riquezas de Faraón bajo falsas pretensiones, ahora rehusaba aceptar incluso un hilo o una correa de calzado del rey de Sodoma.

La razón por la que mucha gente está ansiosa y preocupada por la seguridad financiera es que han sacado a Dios de sus finanzas. Han fracasado en reconocer a Dios como su único proveedor. Cuando usted se da cuenta que nadie sino Dios puede proveer para usted, entonces ya no puede ser inseguro. Como Abraham, puede saber que su futuro financiero está seguro si ha puesto toda su confianza en Dios.

Jesús en Génesis

Es revelador ver esta historia desde el punto de vista de Lot, el codicioso sobrino de Abraham. Antes, cuando se le dio una opción por parte de su tío Abraham, Lot tomó lo mejor de la tierra para sí mismo. Dejó la tierra menos productiva para su tío Abraham. Incluso aunque Lot había tratado a Abraham con desconsideración egoísta, Abraham había desinteresadamente tomado la espada, perseguido y masacrado a los secuestradores, y rescatado a Lot y a su familia. Espero que Lot haya estado agradecido y avergonzado por la forma en que trató a su generoso tío en el pasado.

Lot aprendió mucho del carácter piadoso de Abraham durante y después de la operación de rescate. Su mandíbula debió haberse caído hasta el piso cuando escuchó la conversación entre Abraham y el rey de Sodoma. El rey trató de dar a Abraham una enorme recompensa por derrotar a los terroristas, *y Abraham la rechazó*.

Puedo imaginarme a Lot pensando: ¡Mi tío debe estar loco! ¡Toma la recompensa, tío Abraham! ¡O si no la quieres, pásamela a mí! Pero quizá no tuvo tales pensamientos. Quizá había aprendido una lección acerca de carácter, integridad y fe de su tío Abraham.

Hay otra fascinante escena que sucede en Génesis 14, la aparición de Melquisedec, rey de Salem. La ciudad-estado de Salem tradicionalmente se identifica con Jerusalén, y el nombre *Salem* significa «paz». Melquisedec aparece aparentemente de la nada, y lleva pan y vino. Era «sacerdote del Dios Altísimo» (v. 18), nos dicen las Escrituras, y este rey sacerdote procedió a servir el pan y el vino a Abraham. Luego bendijo a Abraham, diciendo:

> Bendito sea Abram del Dios Altísimo, creador de los cielos y de la tierra; y bendito sea el Dios Altísimo, que entregó tus enemigos en tu mano (vv. 19, 20).

Sin duda usted ha notado que el pan y el vino son los elementos de la Cena del Señor, la cual Jesús instituyó tan solo unas horas antes de ir a la cruz.[2] Después de que Melquisedec lo bendijo, Abraham le dio la décima parte de todo lo que poseía, no solo el diez por ciento de su salario, sino de su patrimonio neto. Hebreos 7 nos dice que Melquisedec es un tipo simbólico de Cristo. El nombre *Melquisedec* significa «rey de justicia», y el título *rey de Salem* significa «rey de paz» (v. 2). Yo creo que Melquisedec fue, de hecho, una teofanía, una aparición en el Antiguo Testamento del Hijo de Dios en forma humana.

¿Por qué Abraham le dio la décima parte de todo a Melquisedec? Creo que es porque Abraham reconoció que Melquisedec era una aparición de Dios en forma humana. ¿No es interesante que Abraham haya diezmado para Dios sin que se lo hayan ordenado? No crea a nadie que le diga que diezmar es legalista, que es una práctica que pertenece a la ley y ya no se necesita en los tiempos del Nuevo Testamento. Abraham diezmó a Dios cuatrocientos años antes de que la ley fuera dada a Moisés. Cuando Abraham diezmó, no había ley; él dio por su propia voluntad a Dios sin ser obligado por la ley.

Salmos 110 ha sido considerado por mucho tiempo, tanto por judíos como por cristianos, como un salmo mesiánico. El salmista escribe que el Mesías sería «sacerdote para siempre según el orden de Melquisedec» (v. 4). Y eso es lo que Jesucristo es para nosotros. Es nuestro rey, nuestro sumo sacerdote, no según el orden de Aarón, que sacrificó animales en un altar de piedra, sino según el orden de Melquisedec. Después de compartir el pan y el vino con sus discípulos (representando su cuerpo quebrantado y su sangre derramada), Jesús voluntariamente sacrificó su vida, no en un altar de piedra, sino en una cruz de madera.

Abraham acaba de experimentar un punto cumbre espiritual y emocional. Ha alcanzado una gran victoria militar. Ha demostrado su gran fe en la promesa de Dios al rehusar el expolio que el rey de Sodoma le ofreció. Ha encontrado a Melquisedec, el Señor Jesús preencarnado, y le ha dado la décima parte de todo lo que poseía al rey de Salem, el rey de paz.

En este punto de su vida, el corazón de Abraham está tan ligero y lleno de gozo que prácticamente camina dos pies arriba del suelo. Pero ese sentimiento extático no durará mucho. Está a punto de caer en un bajón emocional y espiritual. Está a punto de hundirse en un pozo de temor.

Su escudo y su gran recompensa

En cualquier lugar de la Biblia en el que Dios le dice a alguien: «No temas», es porque la persona ya tiene temor. Dios quiere reemplazar con fe el temor de ese individuo. Vemos este principio en la vida de Josué, quien se convirtió en el líder de Israel tras la muerte de Moisés. Cuando Josué está preparándose para dirigir a los israelitas para cruzar el río Jordán y comenzar la conquista de Canaán, Dios le habla y le dice: «Mira que te mando que te esfuerces y seas valiente; no temas ni desmayes, porque Jehová tu Dios estará contigo en dondequiera que vayas» (Jos. 1:9).

Vemos este principio en la vida de Gedeón mientras se preparaba para ir a la batalla contra los madianitas. La Biblia nos dice: «Pero Jehová le dijo: Paz a ti; no tengas temor, no morirás» (Jue. 6:23).

También vemos este principio en la vida del profeta Elías. Cuando el capitán de una banda de soldados samaritanos fue por Elías para llevarlo ante el rey, Dios le dijo a través de un ángel: «Desciende con él; no tengas miedo de él» (1 R. 1:15).

Ahora en Génesis 15:1, Dios acude a Abraham en una visión y le dice: «No temas, Abram; yo soy tu escudo, y tu galardón será sobremanera grande».

¿Por qué, después de experimentar tan grande victoria militar y espiritual, Abraham repentinamente está temeroso? Hay un temor paradójico que la gente experimenta después de un gran éxito o hazaña. Es una clase de miedo irracional que golpea cuando una persona debería sentirse confiada, feliz, en la cima del mundo. Este es el tipo de temor que Abraham experimentó en el principio de Génesis 15.

Usted mismo puede haber pasado por tal experiencia. Puede haber atravesado por un difícil pero provechoso tiempo cuando Dios lo capacitó para vencer la oposición, el agotamiento, la tentación o enormes dificultades. Ahora está sintiendo la satisfacción posterior de alcanzar una meta importante, y también se siente física, emocional y espiritualmente agotado. Es victorioso;

no obstante, también es vulnerable. Y es entonces cuando es atacado por un repentino descenso, un agotamiento físico, una opresión espiritual.

Satanás sabe cuando somos vulnerables. Sabe que sus ataques golpean más fuerte justo después de que experimentamos victoria o éxito. Ese es el momento en el que estamos llenos de gozo y orgullo, es entonces cuando tenemos la guardia baja, y esa es su gran oportunidad.

El novelista del siglo XIX, Jean Paul, observó: «Una persona tímida se asusta ante el peligro, un cobarde, en el momento, y una persona valiente, después».[3] Esto definitivamente podría decirse de Abraham. Él no era tímido. No fue un cobarde. Su temor no lo golpeó sino hasta *después* de haber salido victorioso en batalla. Y Dios, al ver que Abraham se estaba hundiendo en el pozo del temor, acudió a él y dijo: «No temas, Abram; yo soy tu escudo, y tu galardón será sobremanera grande». Este incidente ilustra un principio que a menudo he observado por más de cincuenta años de andar con el Señor: *Dios conoce nuestras necesidades antes que nosotros las sepamos*, y Él nos ministra en conformidad. Hay veces cuando el Señor me ministra, y ni siquiera estoy consciente de que tengo una necesidad. Repentinamente, estoy enfrentando esa necesidad y Dios ya la está supliendo. Sorprendido, le digo: «¡Qué precioso don el de tu gracia, Señor! Tú conocías mis necesidades antes que yo, ¡antes incluso de que orara!».

Mientras Abraham se bajaba del pináculo de la victoria, estaba a punto de sumergirse en las profundidades de la depresión. Dios sabía lo que venía, y con su mano amorosa gentilmente atrapó a Abraham a media caída. Me encantan las palabras que el Señor le dice porque nos muestran el estado emocional en el que Abraham se estaba hundiendo: «No temas, Abram; yo soy tu escudo, y tu galardón será sobremanera grande».

Un escudo le cubre y le protege del ataque de las armas del enemigo. Dios estaba diciendo: «Estás bajo mi impenetrable cubierta, Abraham. Las flechas ardientes de Satanás no te pueden alcanzar porque estás bajo mi fuerte cuidado. Estás en mi programa de protección. Para que tus enemigos puedan llegar a ti, tienen primero que atravesarme a mí».

Y como si no fuera suficiente, Dios también dijo que Él es el «galardón sobremanera grande» de Abraham. Todo lo que Dios es, todo lo que Dios tiene, es nuestro galardón sobremanera grande.

«Estás bajo mi cubierta protectora», Dios le estaba diciendo a Abraham (y a nosotros) «no solamente estás en mi programa de protección, sino que cuando me recibas, satisfaré tu solitario corazón, llenaré tu vacío, daré gozo al triste, defenderé al justo, supliré todas tus necesidades de acuerdo con las riquezas de Cristo Jesús en gloria». Cuando confiamos en Dios como nuestro verdadero proveedor, cuando le confiamos nuestras necesidades futuras, nuestros dolores pasados, nuestra culpa y vergüenza, nuestros diezmos y ofrenda, Él va a darse a sí mismo a nosotros, y Él es todo lo que necesitamos.

Cuando Dios es nuestra mayor recompensa, eso significa que participaremos de todo lo que Dios tiene. ¿Qué tiene Dios? Todo en el universo. El cielo y la tierra. El sistema solar. Las galaxias. Todo.

Abraham ya había recibido muchas revelaciones de Dios. Muchas más revelaciones le esperaban adelante. Aunque Abraham conocía a Dios solo por el nombre *El Shaddai*, experimentó el carácter polifacético del Dios que más tarde sería conocido como *Jehová-jireh* («Jehová proveerá», quien nos da todo lo que necesitamos), *Jehová-rafa* («Jehová sana», quien incluso abre el vientre de la mujer sin hijos), y *Jehová-nisi* («Jehová es mi estandarte», quien nos lleva a la victoria en la batalla). El Señor se reveló a sí mismo a Abraham en cada una de estas facetas, y la vida de Abraham cambió con cada nueva revelación.

Abraham incluso llegó a conocer a Dios como su Abba, su amante Padre. El apóstol Pablo escribe acerca de la profunda naturaleza de nuestra relación con nuestro Padre celestial: «Y si hijos, también herederos; herederos de Dios y coherederos con Cristo, si es que padecemos juntamente con él, para que juntamente con él seamos glorificados» (Ro. 8:17). Este es uno de los pasajes más sorprendentes en todas las Escrituras. No puedo leerlo sin una sensación de cosquilleo y emoción.

Somos herederos de Dios. Heredamos todo lo que Él es y todo lo que tiene. No es como un heredero terrenal que hereda una porción de la herencia de alguien que muere. Hay miles de millones de otros creyentes, pasados, presentes y futuros y por todo el mundo, pero eso no significa que nuestra porción de la herencia de Dios se mida en millonésimas de una herencia. No, ¡heredamos *todo* lo que pertenece a Dios y *cada cosa* de lo que Dios es! Y así lo hace cada creyente.

Usted puede vivir una vida segura en Él, sin nunca tener que preocuparse por la seguridad financiera, física o la de su salvación. No importa lo que suceda en su vida, usted está anclado en Dios. Ya no tiene que vivir en temor, incertidumbre y ansiedad. Puede descansar en su presencia.

Una promesa renovada

Después de que Dios prometió que sería el escudo de Abraham y su gran galardón, Abraham ansiaba certeza.

> Y respondió Abram: Señor Jehová, ¿qué me darás, siendo así que ando sin hijo, y el mayordomo de mi casa es ese

> damasceno Eliezer? Dijo también Abram: Mira que no me has dado prole, y he aquí que será mi heredero un esclavo nacido en mi casa. Luego vino a él palabra de Jehová, diciendo: No te heredará éste, sino un hijo tuyo será el que te heredará. Y lo llevó fuera, y le dijo: Mira ahora los cielos, y cuenta las estrellas, si las puedes contar. Y le dijo: Así será tu descendencia. Y creyó a Jehová, y le fue contado por justicia (Gn. 15:2-6).

Dios ya había prometido ser el escudo de Abraham y su gran galardón, pero la respuesta de Abraham no es de alivio y confianza, sino de duda y de desilusión. Usted probablemente sienta empatía por Abraham. Sé que Dios comprendió las emociones de Abraham. Dios hizo una promesa quince años antes cuando Abraham tenía setenta años. Abraham no estaba rejuveneciendo, y el reloj biológico de Sara hacía *tic tac, tic tac*. Así que no es de sorprender que Abraham tuviera momentos de duda.

Abraham estaba diciendo, en efecto: «Señor, eres soberano y tu voluntad es absoluta. Pero tú me hiciste una promesa, y han pasado quince años y se me está acabando el tiempo. Si me fuera a morir justo ahora, mi siervo heredaría todo lo que tengo. ¿Cuándo se va a cumplir la promesa?».

¿Quién de nosotros hubiera tenido la paciencia de Abraham con una promesa no cumplida? Pero a lo largo del tiempo, Abraham continuó contando estrellas cuando no podía ver ninguna.

Puedo imaginar que Abraham pudo haber dicho a la gente: «Dios ha prometido hacer una gran nación de mí». Cuando la gente preguntaba: «¿Entonces dónde está tu hijo? ¿Como te vas a convertir en una gran nación si no tienes heredero ni descendientes? ¡No tienes hijos y tu esposa ya pasó su edad fértil!». Abraham diría: «Espere. Ya verá». Pero después de quince años,

Abraham llegó a cansarse de la mirada que la gente le daba, las risitas disimuladas a sus espaldas, los amigos que lo compadecían y cuestionaban su salud mental.

Creo que me puedo identificar con Abraham. Cuando tenía dieciocho años, supe que Dios me había hecho una promesa, una promesa de que me liberaría sobrenaturalmente de una situación particularmente difícil. Cometí el error de compartir esta promesa con algunos de mis amigos cristianos, y aprendí que necesitaba ser más cuidadoso con lo que compartía con mis amigos, incluso si eran cristianos. Después de que les dije acerca de la promesa de Dios para mí, algunos de ellos fueron con mis hermanos mayores y les dijeron lo que yo les había contado. Dijeron a mis hermanos: «Realmente estamos preocupados por el estado mental de Michael. Cree que está oyendo a Dios hablarle, y tememos que vaya a hacer una tontería».

Más tarde escuché lo que esos amigos habían dicho a mis hermanos acerca de mí. Me lastimó mucho y fui al Señor en oración, derramando mis sentimientos heridos ante Él. No mucho tiempo después Dios cumplió su promesa hacia mí, exactamente lo que Él había dicho.

Al compartir esto, quiero dejar claro que siempre debemos ser cuidadosos cuando pensamos que estamos escuchando a Dios hablarnos en nuestro espíritu. Es fácil confundir nuestros propios deseos con la voz de Dios. La voz de Dios en nuestro interior nunca nos prometerá algo ni nos instará a hacer algo que contradiga su Palabra. Siempre pruebe cualquier dirección interior que reciba contra lo que está escrito en la Biblia.

Al mismo tiempo, no debemos ser demasiado prontos para desechar la afirmación de otro cristiano de que Dios le ha hablado. No debemos ser demasiado impulsivos para decir: «Creo que tiene un problema mental» o «Creo que está confundiendo sus emociones con la voz de Dios». Dios todavía habla a los creyentes hoy, tal como habló a los creyentes en los tiempos bíblicos.

Prepárese para ser asombrado

En Génesis 15, Abraham estaba planificando su patrimonio, y decidió compartir su plan con Dios. Él dijo: «Señor Jehová, ¿qué me darás, siendo así que ando sin hijo, y el mayordomo de mi casa es ese damasceno Eliezer?... Mira que no me has dado prole, y he aquí que será mi heredero un esclavo nacido en mi casa» (vv. 2, 3). Abraham todavía estaba buscando certeza de Dios de que sus promesas no habían sido revocadas.

La respuesta de Dios fue amable y gentil, y Él renovó la promesa que había hecho a Abraham quince años antes en Ur de los caldeos. Ahí, Dios había prometido hacer de Abraham una gran nación. Al renovar su promesa, Dios le dice a Abraham: «Mira ahora los cielos, y cuenta las estrellas, si las puedes contar... Así será tu descendencia».

Entonces, las Escrituras nos dicen que Abraham creyó al Señor y Él contó la fe de Abraham como justicia. Esa es una declaración tan sorprendente, rica y profunda que podría escribir un libro completo acerca de esa sola declaración (y quizá un día lo haga).

He aquí el verdadero aspecto asombroso de la promesa de Dios a Abraham: fue ciento por ciento obra de Dios, y cero por ciento obra de Abraham. Dios le dio a Abraham la fe para creer en la promesa. ¡Luego Dio le dio a Abraham el crédito por creerla! ¿No es así nuestro Dios? Él hace todo. Todo lo que tenemos que hacer es recibir su gracia.

No importa quién sea usted. No importa el grado de desesperación que sienta. No importa qué tanto haya estado esperando.

Puede comenzar a confiar en Él nuevamente hoy, justo ahora, en este preciso momento.

Recuerde la historia de Pedro y su encuentro con el Señor Jesús resucitado en Juan 21:1-6. Pedro y media docena de los otros discípulos estaban en sus botes de pesca en el mar de Galilea. Habían estado pescando toda la noche, pero no habían atrapado nada. Temprano, a la mañana siguiente, Jesús los llamó desde la orilla: «Amigos, ¿tienen algo de pescado?».

«No», contestaron.

Entonces Jesús dijo: «Arrojen sus redes a la derecha del bote y hallarán algunos».

Pedro y los otros discípulos supieron que este era el momento en el que los peces dormían. No tenían esperanzas de atrapar ningún pez, pero, por el poder del Señor, arrojaron sus redes. Luego las jalaron y hallaron las redes tan pesadas con el pescado que difícilmente podían arrastrarlas.

Lance su red de oración al mar de las promesas de Dios, incluso si no tiene esperanza, incluso si no ve un destello de oportunidad de que sus oraciones sean respondidas. Si usted está orando de acuerdo con las promesas de su Palabra, Él cumplirá. Puede tardarse, pero no negará sus promesas. Arroje su red. Confíe en sus promesas. Y prepárese para sorprenderse.

5

El Dios que hace pactos

Oliver Cromwell fue uno de los hombres más poderosos que han gobernado la Comunidad Británica de Naciones de Inglaterra, Escocia y Gales. Nacido en 1599, fue un líder militar y político durante algunos de los años más turbulentos de Inglaterra. Experimentó una dramática conversión a los veinte años y se convirtió en un cristiano intensamente devoto. En una carta a un primo, Cromwell escribió: «¡Bendito sea su nombre por brillar sobre un corazón tan oscuro como el mío! Tú sabes lo que ha sido mi forma de vida. He vivido y amado la oscuridad y odiado la luz... sin embargo, Dios se apiadó de mí. ¡Oh, las riquezas de Su misericordia!».[1]

Después de su conversión, Cromwell se dedicó a la secta puritana del cristianismo. Creía que Dios lo había llamado a ser un líder piadoso. Luchó como comandante en la Guerra Civil Inglesa. Como resultado de esa guerra, la monarquía fue abolida y se estableció una forma de gobierno tipo protectorado (una dictadura benévola) con Cromwell como Señor Protector.

Su mandato fue controvertido; algunos lo vieron como un héroe, otros como un tirano. Cromwell sirvió como Señor Protector desde 1653 hasta su muerte el 3 de septiembre de 1658.

En las últimas horas de su vida, Cromwell se acostó en su lecho de muerte mientras una tormenta arreciaba. Al saber que el final estaba cerca, Cromwell, de cincuenta y nueve años, llamó a su esposa e hijos adultos a su alrededor. ¿Qué estaba pensando en las últimas horas de su vida? En el pacto de Dios con la raza humana.

«El Pacto de Dios —dijo con debilidad a sus hijos—, es santo y verdadero, es santo y verdadero, ¡es santo y verdadero! ¿Quién lo hizo santo y verdadero? ¡El Mediador del Pacto! [Ese es Jesús]. El Pacto es uno. Y aunque yo no lo haga, Él permanece fiel. No amo al mundo. No, hijos míos, vivan como cristianos. Os dejo el Pacto para que se alimenten».[2] Estos son pensamientos dignos de un cristiano devoto en su lecho de muerte.

La Biblia habla de Dios como un Dios hacedor de pactos. Hace pactos con la gente, y ha hecho una serie de pactos con la raza humana tanto en el Antiguo como en el Nuevo testamentos. El pacto del que Oliver Cromwell habló en su lecho de muerte es el nuevo pacto que Jesús instituyó en la Última Cena cuando dijo: «Esta copa es el nuevo pacto en mi sangre, que por vosotros se derrama» (Lucas 22:20). Hebreos 9 nos dice: «Así que, por eso es mediador de un nuevo pacto, para que interviniendo muerte para la remisión de las transgresiones que había bajo el primer pacto, los llamados reciban la promesa de la herencia eterna» (v. 15).

El más grande de los pactos de Dios con la raza humana es la cruz de Jesucristo. Por medio de la sangre de Jesús, derramada sobre la cruz, Dios el Padre invitó a todos los que creyeran en Él a recibir el don de la vida eterna. Tomó el castigo por nuestros pecados sobre sí mismo. El nuevo pacto es la buena noticia del evangelio cristiano.

¿Qué es el evangelio? ¿Es el mensaje de que Dios amó tanto al mundo que cualquiera que crea sinceramente en una de las muchas religiones del mundo va a ser salvo? No, ese no es el evangelio. ¿Es el mensaje de que Dios amó tanto al mundo que todos en el mundo pueden ir incondicionalmente al cielo? No, ese tampoco es el evangelio. ¿Es el mensaje de que Dios amó tanto al mundo que cualquiera que intente vivir una buena vida será salvo? No, ninguna de estas nociones, que son muy populares en nuestra cultura hoy en día, es el evangelio.

El evangelio del nuevo pacto tiene un significado muy específico, que Jesús mismo definió cuando le dijo a un hombre llamado Nicodemo: «Porque de tal manera amó Dios al mundo, que ha dado a su Hijo unigénito, *para que todo aquel que en él cree*, no se pierda, mas tenga vida eterna» (Juan 3:16, énfasis añadido). Ese es el verdadero evangelio. Significa que cualquiera que crea en Jesús como Señor será salvo, y cualquiera que rechace a Jesús será condenado. Es muy importante (eternamente importante) que comprendamos lo que significan los pactos de Dios y lo que no significan.

Pactos entre desiguales

A lo largo de la vida, hay muchos tipos de acuerdos y convenios que hacemos unos con otros. La mayoría son acuerdos entre dos iguales. En el matrimonio, un esposo y una esposa, dos iguales, hacen un convenio de matrimonio ante Dios. Él es el testigo principal del convenio, y la congregación es el testigo secundario. Gracias a los ejércitos de abogados que ahora dirigen nuestra sociedad, incluso la compra de una aplicación de noventa y nueve centavos de dólar para su teléfono inteligente implica un «acuerdo de licencia de usuario final» de decenas de páginas que usted debe aceptar antes de comprar la aplicación (pero ¿quién lee eso?).

A lo largo de la Biblia, Dios hace una serie de pactos. Pero los pactos entre Dios y los seres humanos son diferentes a los convenios que nosotros hacemos con otras personas. Un pacto entre Dios y la humanidad no puede ser un pacto entre dos iguales. Es, por definición, un pacto entre dos partes muy desiguales. En sus convenios con los seres humanos, Dios hace todo el trabajo pesado. Toma sobre sí el cien por ciento de la responsabilidad de cumplir el pacto.

Dios hizo un pacto con Adán y Eva en Génesis 3:15, en el que prometió que Jesús el Mesías vendría y aplastaría la cabeza de la serpiente, el diablo. En Génesis 9:13-15, Dios hizo un pacto con Noé después del diluvio y prometió no volver a destruir toda vida en el mundo con las aguas de inundación. En Génesis 12:1-7, Dios hizo un pacto siete veces con Abraham, llamándolo a dejar Ur de los caldeos y mudarse a Canaán y prometió hacer de él una gran nación.

Ahora, en Génesis 15, Dios hace otro pacto con Abraham. Después de su batalla con los reyes terroristas, el rescate de su sobrino Lot, y su increíble encuentro con Melquisedec, rey de Salem, entra en una caída espiritual. Mira a Dios para reconfirmar que Él todavía va a mantener los pactos que le ha hecho. Dios no solo se lo asegura, sino que también le dice: «No temas, Abram; yo soy tu escudo, y tu galardón será sobremanera grande» (v. 1). Dios quiere que Abraham sepa que, pase lo que pase, no importa cuánto tiempo tome, Él mantendrá su palabra.

Cuando Abraham necesitó mayor afirmación, Dios le mostró las estrellas en el cielo nocturno y dijo: «Así será tu descendencia».

Abraham creyó, y Dios le contó su fe por justicia. Entonces Dios continuó confirmando su identidad a Abraham:

> Y le dijo: Yo soy Jehová, que te saqué de Ur de los caldeos, para darte a heredar esta tierra.
>
> Y él respondió: Señor Jehová, ¿en qué conoceré que la he de heredar? (vv. 7-8)

Hay un principio en este pasaje que podemos aprender de Abraham: Dios no se ofende por nuestras oraciones sinceras y honestas. Dios no se sintió ofendido por la descarga de sus angustias de parte de Abraham ante el Señor. No se ofendió cuando Abraham confesó honestamente sus preocupaciones y dudas. No se sintió ofendido por los pensamientos y las emociones más íntimas de Abraham. Dios ya sabe cuándo tenemos volcanes emocionales explotando dentro de nosotros, ciertamente no lo ofenderemos al admitir lo que ya sabe. Quiere que lo verbalicemos. Nuestra honestidad con Dios es la marca de una relación sana y confiable con Él.

Creencia, incredulidad y un pacto escrito en sangre

Respetamos a Dios por quien es: Dios Todopoderoso, creador del cielo y de la tierra. Es digno de gloria y alabanza. Sin embargo, este mismo Dios Todopoderoso es también nuestro Abba, nuestro Padre. No espera que sus hijos se dirijan a Él en términos formales, en el español muy conservador de la Reina-Valera, con la pretención de una fe perfecta que realmente no sentimos. Podemos derramar nuestro corazón a Él como un niño habla a una madre y a un padre terrenales.

Abraham se dirige a Dios con respeto: «Señor soberano, ¿cómo puedo saber que voy a obtener posesión de ella?». Pero no duda en decirle a Dios con claridad y franqueza que está preocupado por las dudas. «¿Cómo puedo saber?», pregunta. Esto no es una expresión de incredulidad, pues Dios ya le había contado su fe a Abraham por justicia. Esta pregunta es un reconocimiento de que si bien Abraham cree en las promesas de Dios, su voluntad de creer también se ve asaltada y socavada por su fragilidad humana.

Abraham es como el padre angustiado de Marcos 9, quien le rogó a Jesús que sanara a su hijo poseído por demonios. Jesús le dijo al hombre: «Al que cree todo le es posible». Y el hombre respondió: «Creo; ayuda mi incredulidad» (vv. 23-24). Y Jesús actuó sobre la fe del hombre y sanó a su hijo.

En contraste con este relato está la historia de Zacarías en Lucas 1. Zacarías y su esposa, Elizabeth, se encontraban en una situación muy similar a la de Abraham y Sara, una pareja sin hijos, muy avanzada en años y más allá de la edad fértil. Cuando un ángel le dijo a Zacarías que Dios les iba a dar un hijo, que sería Juan el Bautista, Zacarías simplemente no lo creyó. En lugar de expresar fe ante el cerco de dudas y cuestionamientos, como lo hizo Abraham, Zacarías expresó escepticismo.

Así que Dios golpeó a Zacarías dejándolo mudo a causa de su incredulidad. No todo cuestionamiento es incredulidad. Abraham hizo preguntas de la fe muy fuera de lugar. Las preguntas de Zacarías provenían de un lugar de escepticismo, pero su fe creció enormemente después de que nació su hijo Juan.

Cuando Jesús colgaba y moría en la cruz, experimentó su propio momento de cuestionamiento. Era el Hijo de Dios, la Segunda Persona de la Trinidad, quien había sido uno con el Padre durante toda la eternidad. Sin embargo, hizo la pregunta del por qué más profunda que jamás se haya hecho: «Dios mío,

Dios mío, ¿por qué me has abandonado?» (Mateo 27:46). Sabía la respuesta, pero preguntó por qué. Preguntar por qué no es una expresión de incredulidad. Dios comprende nuestras debilidades, nuestras preguntas, nuestras dudas, y las acepta.

Es por eso que, en respuesta a la pregunta de Abraham, Dios promulgó un pacto con él. Dios sabía que Abraham era débil, como tú y yo, así que gentilmente le dio a Abraham una señal visible del pacto. Dios a menudo hace que sus promesas sean visibles para nosotros de una forma memorable. Cuando hizo el pacto con Noé después del diluvio, le dio a Noé la señal de un arco iris. Cuando Gedeón acudió a Dios en oración, buscando una señal de Su promesa de victoria sobre los madianitas, Dios dos veces le dio una señal a través del vellón que Gedeón había extendido sobre el suelo. Dios respondió a la petición de Ezequías en 2 Reyes 20 haciendo retroceder la sombra de un reloj solar. Y cuando Jesús les dijo a sus discípulos acerca de un nuevo pacto que Dios estaba haciendo (un pacto escrito en su sangre) Jesús les dio los elementos de la Santa Comunión: el pan que representa su cuerpo, el vino que representa su sangre.

Aquí, en Génesis 15, Dios vuelve a hacer visible y memorable su pacto de una manera dramática.

Los símbolos de un pacto

Han habido momentos en mi vida en los que he sentido que Dios me llama a dar un determinado paso de fe, pero no estaba absolutamente seguro de si era Dios llamándome o si era mi propia voluntad. He aprendido que antes de correr precipitadamente sobre alguna aventura, necesito parar y orar: «Señor, por favor muéstrame una señal. Déjame saber con certeza que esta aventura es tuya». Y Dios gentilmente me da una señal clara.

Un *pacto*, por definición, es una promesa. En Génesis 15, el pacto es una promesa hecha por Dios a Abraham. Prefiero la palabra *pacto* en lugar de *convenio*, porque un convenio a veces transmite la idea de un trato o acuerdo hecho entre dos personas: «Si haces esto por mí, yo lo haré por ti». Cuando Dios hace un *pacto* con nosotros, no hay trato, no hay acuerdo. Los seres humanos no tenemos nada que ofrecerle a cambio, y tenemos un miserable historial que nos impide mantener hasta el final cualquier tipo de acuerdo.

La promesa de Dios a Abraham fue unilateral (Él asumió todo sobre sí mismo), eterna (no temporal o solo por una temporada), y con base en su gracia (no en nuestro actuar). ¡Qué Dios tan grande adoramos! Abraham no merecía la promesa de Dios; y no merecemos la promesa de salvación por gracia por medio de la fe en Jesucristo. Las siete promesas que Dios le hizo a Abraham, y todas las promesas que Dios nos ha hecho, se cumplen en Jesucristo. Hoy en día, los descendientes de Abraham son mucho más numerosos que las estrellas que él podía ver en el cielo nocturno, porque los descendientes de Abraham son todos aquellos que han confiado en Jesús para su salvación. Esa es la unilateral, eterna y misericordiosa promesa que Dios le hizo a Abraham.

En nuestra cultura occidental estamos familiarizados con los convenios que se han establecido por escrito. Sin embargo, a través de los años y a lo largo del mundo, hay muchas maneras diferentes en que las culturas hacen promesas vinculantes. En muchas culturas, desde África y el Medio Oriente, hasta las islas del Pacífico y la antigua Norteamérica, los pactos de sangre han sido comunes. La noción de un pacto de sangre es que los participantes cortan su carne y mezclan su sangre (que ahora sabemos que es una manera eficaz de propagar la infección y la enfermedad). La sangre nos da vida, por lo que la mezcla de sangre representa el compartir la vida. Los participantes en el pacto se convierten en «hermanos de sangre», vinculados unos a otros por la sangre compartida.

En otras culturas, un convenio podría iniciarse formalmente con un juramento obligatorio, un voto con consecuencias terribles si el otro obligado viola su voto. En algunas culturas, los dos socios del convenio podrían compartir una comida ceremonial. La comida compartida simboliza un vínculo de vida compartida.

Transmitir la idea bíblica de un pacto a otras culturas a veces ha sido un desafío para los traductores bíblicos. Por ejemplo, el pueblo Shilluk de la región del río Nilo, en el sur de Sudán, no tiene palabras para «pacto» o «perdón» en su idioma. Los traductores bíblicos no tenían palabras de los Shilluk para expresar la idea de un pacto de perdón entre Dios y la humanidad.

El traductor y lingüista Eugene Nida entrevistó a muchas personas de Shilluk para averiguar cómo expresar mejor esta idea. Se enteró de que el pueblo Shilluk tenía una costumbre tribal para resolver disputas entre un demandante y un acusado. La disputa sería escuchada ante un tribunal tribal y el asunto se decidiría, entonces el demandante indicaría que aceptó el fallo y perdonó al acusado al escupir en el suelo a los pies del acusado. Esto significaba que el asunto estaba cerrado y el agravio resuelto para siempre. Este fue un pacto vinculante de perdón.

Cuando los traductores bíblicos se enteraron de esta costumbre, fueron capaces de describir a Dios como Aquel que escupe en el suelo a sus pies, Aquel que resuelve el problema del pecado al perdonar y olvidar nuestros pecados para siempre. Este era un concepto que el pueblo Shilluk podía entender.[3]

Los símbolos de un pacto pueden diferir de una cultura a otra, pero el significado es siempre el mismo. Un convenio es una promesa que obliga a los socios de dos maneras: crea un vínculo de relación y uno de obligación. En el caso de los pactos de Dios con la humanidad (incluidos sus pactos con Abraham), la obligación era unilateral: Dios se obligaba a cumplir Sus promesas. Pero el aspecto de relación del pacto de Dios es mutuo: Dios entra en una relación con nosotros, y nosotros entramos en una relación con Dios.

Un pacto imborrable

En la cultura de Medio Oriente de los días de Abraham, un pacto se basaba en una ceremonia. En aquellos tiempos, la gente podía matar un animal y lo cortaban por la mitad como parte de la ceremonia del pacto. Luego colocarían las dos mitades una frente a la otra con una brecha en medio. Las dos partes en el acuerdo caminarían por el camino entre las dos mitades del cadáver animal. El contrato se llevaba a cabo en ese espacio. En Génesis 15, Dios baja al nivel de Abraham y hace un pacto con él en términos que un hombre del antiguo Medio Oriente podría entender.

Abraham no tenía que hacer nada. Dios mismo entraría en ese espacio solo y haría su promesa de pacto a Abraham de una manera tangible y simbólica.

> Entonces el Señor le dijo: «Tráeme una becerra de tres años, y una cabra de tres años, y un carnero de tres años, una tórtola también, y un palomino».
>
> Abram le trajo todo esto, los cortó en dos y acomodó las mitades una frente a la otra; sin embargo, las aves no las cortó a la mitad, sino que las aves de rapiña vinieron sobre los cadáveres, pero Abram las ahuyentó.

> Mientras el sol se ponía, Abram cayó en un sueño profundo, y una oscuridad espesa y terrible se apoderó de él. Entonces el Señor le dijo: «Ten por cierto que tu descendencia morará en tierra ajena, y será esclava allí, y será oprimida cuatrocientos años. Mas también a la nación a la cual servirán, juzgaré yo; y después de esto saldrán con gran riqueza. Y tú vendrás a tus padres en paz, y serás sepultado en buena vejez. Y en la cuarta generación volverán acá; porque aún no ha llegado a su colmo la maldad del amorreo hasta aquí. Y sucedió que puesto el sol, y ya oscurecido, se veía un horno humeando, y una antorcha de fuego que pasaba por entre los animales divididos. En aquel día hizo Jehová un pacto con Abram, diciendo: A tu descendencia daré esta tierra, desde el río de Egipto hasta el río grande, el río Éufrates; la tierra de los ceneos, los cenezeos, los cadmoneos, los heteos, los ferezeos, los refaítas, los amorreos, los cananeos, los gergeseos y los jebuseos». (Gn. 15:9-21)

Dios dio instrucciones, y Abraham las llevó a cabo fielmente. Llevó los animales, los cortó en dos, los acomodó, y luego impidió a los salvajes animales carroñeros robar lo sacrificado.

Después, Dios puso a Abraham en un sueño profundo, y una «terrible oscuridad» descendió sobre él. Mientras Abraham dormía, Dios le habló, y él solo caminó en el espacio entre las partes de los animales. De esta manera, Dios le dio a entender que asumía toda la responsabilidad de cumplir las promesas que Él había hecho.

¿Cuál es el significado de los animales muertos y divididos? Según esa cultura, esta ceremonia anunció al mundo que si alguna de las partes del pacto rompía su voto y lo violaba, lo que le sucediera al animal le pasaría al que rompiera el pacto.

El derramamiento de sangre era una clara indicación de la seriedad con la que se veía el pacto.

Cuando Dios pasó por medio de los animales que habían sido cortados por la mitad, pasó a través de la sangre derramada que se había acumulado en el suelo. Al pasar por esa sangre, Él predijo así la sangre de Jesucristo derramada sobre la cruz, la sangre que solo puede salvarnos de nuestros pecados. Cuando Jesús colgó sobre la cruz, la sangre de su vida se derramaba sobre la tierra del Calvario, e hizo posible con esto que todos los que creyeran en Él fueran salvos, y Dios el Padre confirmó su pacto con Abraham.

Con la ceremonia y los símbolos de los animales muertos y divididos, Dios le aseguró a Abraham que no solo era un Dios que *hacía* pactos, sino también un Dios que guardaba sus *pactos.* El libro de Hebreos del Nuevo Testamento nos dice:

> Porque cuando Dios hizo la promesa a Abraham, no pudiendo jurar por otro mayor, juró por sí mismo, diciendo: De cierto te bendeciré con abundancia y te multiplicaré grandemente. Y habiendo esperado con paciencia, alcanzó la promesa. (Heb. 6:13-15)

En esta ceremonia, Dios le muestra a Abraham un horno de fuego humeante (también llamado fuego refinador), y luego le muestra una antorcha ardiente. Estas imágenes ardientes simbolizan la perseverancia de Dios. Que sus promesas son unilaterales, eternas y misericordiosas. Cuando Dios promete escribir nuestros nombres en su Libro de la Vida en el momento en que recibimos a Jesús como Señor y Salvador, Él no escribe nuestros nombres con un lápiz y los borra cuando pecamos. Sino que escribe nuestros nombres en el Libro de la Vida con algo más permanente e indeleble que la tinta de la India: la preciosa y poderosa sangre de Jesús.

La promesa de Dios es eterna. Su amor es eterno. Nos amó mucho antes de que respondiéramos a su amor. A diferencia de tantas formas humanas de amor, el amor de Dios no cambia con caprichos y estados de ánimo. Su amor no se limita a un momento de tiempo o espacio. Su amor es siempre «para bien o para mal», su mejor y nuestro peor. Su promesa de amor y perdón nunca nos fallará.

Incluso si lo desobedecemos, nos ama. Eso no significa que nuestra desobediencia no deje cicatrices. Si una madre le dice a su pequeño: «No toques la estufa o te quemarás» y el niño desobedece, su mamá lo perdonará. Pero las cicatrices de su desobediencia permanecerán, posiblemente de por vida, como un recordatorio continuo. Así es cuando desobedecemos a Dios.

Lo que nos costó nada, a Él le costó todo

Una verdad que debemos quitar de la ceremonia en Génesis 15 es que el Dios del Antiguo Testamento es idéntico al Dios del Nuevo Testamento. Él es un solo Dios, y no cambia. No deje que nadie lo engañe con la idea de que el Dios del Antiguo Testamento es el Dios de la ira, pero el Dios del Nuevo Testamento es el Dios del amor. Eso es una mentira que proviene de los labios de Satanás mismo. Dios es el mismo ayer, hoy y mañana. La gracia que Dios mostró a Abraham a través de la ceremonia del pacto es la misma gracia que Dios nos ha mostrado a usted y a mí a través de su Hijo, Jesús, en el Nuevo Testamento.

Dios demuestra su amor por nosotros al escogernos, al elegirnos y llevarnos a sí mismo. Nos demuestra su amor al perseverar con nosotros a través de nuestros tiempos de insensatez y desobediencia. Nos ama con un amor firme, no con un amor emocional o cambiante.

Muchos de nosotros tenemos una visión muy distorsionada del amor de Dios. Escucho a la gente describir el amor de Dios como cambiante e impredecible. «Creo que Dios está enojado conmigo debido a mi pecado», dicen, o «Creo que perdí la voluntad de Dios para mi vida, por lo que me ha dado la espalda». Esa no es una descripción del Dios de la Biblia. Eso es simplemente imputar emociones humanas cambiantes a nuestro Dios amoroso e inmutable.

¿Por qué tenemos una visión tan distorsionada de Dios? Creo que, en parte, es porque tenemos una idea distorsionada del amor. La gente dice: «¡Me he enamorado!» o «Ya no estoy enamorado». Pareciera que piensan que el amor es algo de lo que entramos y salimos brincando, como entrar y salir de la ducha. Así no es como Dios nos ama. Su amor es unilateral, eterno y lleno de gracia. Llevó nuestras penas, perdonó nuestros pecados, quitó nuestra culpa y tomó nuestro castigo sobre sí mismo. ¿Suena eso como un Dios que entra y sale del amor con nosotros por capricho?

El amor de Dios no es estacional ni cambiante. Es por toda la eternidad. Su amor nos llevará hasta el cielo con Él. Es por eso que Pablo podía decir: «¿Quién nos separará del amor de Cristo?». Respuesta: ¡Nada ni nadie! «¿Tribulación, o angustia, o persecución, o hambre, o desnudez, o peligro, o espada?». Respuesta: ¡Nada![4]

Dios no nos perdonó a usted y a mí ayer para que pudiera volverse contra nosotros hoy. Podemos consolarnos al saber que su amor es completamente inmerecido. No merezco su amor, usted no merece su amor, y lo creamos o no, esas son buenas noticias. Nada de lo que hagamos nos hará menos merecedores de lo que ya somos. Ahora, si pecamos, habrá consecuencias que pagar, habrá daño infligido a la cercanía de nuestra relación con Dios. Pero Dios no nos amará más o mucho menos.

Cuando Dios llamó a Abraham y prometió hacer de él una gran nación, Abraham era un adorador de ídolos en Ur de los caldeos. ¿Qué había hecho este adorador de ídolos paganos para merecer el favor y la promesa de Dios? Nada. Dios llamó a Abraham de acuerdo con su propia elección y gracia soberana.

Cuando Dios nos llamó a usted y a mí a dejar nuestra pecaminosa y rebelión y seguirlo, ¿qué habíamos hecho para merecer su gracia? Nada. Le confesaré que, en mis primeros años de vida, me rebelé contra Dios. Blandí mi puño frente a Él, y hui de Él tal como lo hizo Jonás. Si merecía algo, era juicio. Sin embargo, he recibido gracia, sobre gracia, sobre gracia, de la mano de Dios, y usted también. Dios nos llamó a usted y a mí de acuerdo con su propia elección y gracia soberana.

Muchos cristianos hoy día malinterpretan la doctrina de la gracia de Dios y la han convertido en una licencia para pecar. ¿Qué significa la gracia de Dios? Significa simplemente que agradó a Dios salvarle, y le agradó a Dios salvarme. Dios no nos eligió porque tenemos mucho que ofrecerle o porque realmente necesita gente maravillosa como nosotros en su equipo. Nos eligió porque es soberano, y tiene todo el derecho en el universo de elegirnos o no, simplemente porque Él es Dios y este es su universo.

Le costó todo salvarnos. No nos costó nada. Jesús no caminó a través de este mundo sin sacrificarse. Le costó todo. No *hizo* un sacrificio por nuestro pecado, Él *era* el sacrificio por nuestro pecado. Su cuerpo fue torturado, desgarrado y roto, y sangró hasta morir por nuestro pecado. Estaba tan cubierto con la mancha, la inmundicia y el hedor de nuestro pecado que el Padre tuvo que apartar y dejar al Hijo solo para sufrir y morir.

Jesús ofreció su propio cuerpo sin pecado por pecadores como nosotros. Su gracia me obligó a acercarme a Él. Su amor me atrajo. Es por eso que le prometí a Dios que pasaría mi vida dando gracias; voy a alabarlo, le daré honor, le serviré y voy a engrandecer su nombre.

No hay nombre como el magnífico nombre de Jesús, el mediador del nuevo pacto en su sangre. Nos amó primero, y nos ama hasta el final. Su amor es unilateral. Su amor es eterno. Su amor es misericordioso.

Dé gracias a Dios por la promesa que hizo a Abraham, a usted y a mí. Sus promesas nunca cambian.

6

El capítulo del fracaso

La tragedia tiene lugar en Long Island, Nueva York, pero podría ocurrir en cualquier parte de Estados Unidos. Una camioneta con diez adolescentes se detuvo en las vías al tiempo que los brazos de señalización del cruce bajaban. El destello de las luces rojas advirtió que el tren Long Island Railroad se aproximaba. Los cinco carros de pasajeros del tren viajaban a 65 millas por hora. Si el conductor hubiera esperado menos de un minuto, el tren hubiera pasado, y él y sus pasajeros podrían haber estado seguros en su trayecto.

Eran alrededor de las dos de la madrugada, y los adolescentes regresaban a casa después de una fiesta. Los diez chicos habían sido compañeros de clase y amigos desde la infancia, asistieron al mismo colegio religioso de la localidad. Debido a la obscuridad, es difícil juzgar tanto la velocidad del tren como la distancia. El conductor probablemente se preguntó: *¿Qué tal si se trata de un tren de carga? Podríamos estar aquí atorados por diez minutos.*

La impaciencia del joven conductor fue una decisión fatídica. Aceleró el motor y viró la camioneta cerca de la barrera y sobre las vías. No hubo tiempo para que el maquinista redujera la velocidad del tren, y mucho menos pararlo.

El tren golpeó la camioneta como un ariete, arrugó la coraza de metal, partió el vehículo en dos. La parte frontal de la camioneta rodó más de cien metros a lo largo de las vías. El eje trasero y toda la parte trasera fue lanzada al lado de las vías.

Cuando la camioneta se detuvo, nueve adolescentes pasajeros, de edades entre diecisiete y diecinueve años, murieron. Una chica de diecisiete años de edad sobrevivió con heridas severas.

Un oficial de policía que investigó la tragedia dijo que no había indicaciones de que drogas o alcohol estuviesen involucrados. Ninguno de los chicos había tenido problemas con la ley, salvo detenciones de tránsito menores. «Eran niños pequeños agradables», reportó el oficial con tristeza.[1]

Nueve adolescentes murieron y uno gravemente herido. Fue una estúpida e innecesaria tragedia.

¿La causa de la tragedia? La impaciencia.

El costo devastador de la impaciencia

En Génesis 15, Dios reconfirma su pacto con Abraham cuando lo guiaba en el acto de sacrificar y partir a la mitad animales, cuya sangre prefiguraba la sangre de Jesucristo. Podría pensar que después de que Dios había reafirmado la promesa de manera tan dramática, Abraham podría haberse quedado a esperar pacientemente, contando estrellas y confiando en Dios para cumplir su pacto. Sin embargo, en un momento de impaciencia, Abraham dio un giro de 180 grados y tropezó apresuradamente en el más grande lío que jamás haya hecho.

Estamos en el siglo XXI, cuatro mil años después del gran error de Abraham, y seguimos experimentando tragedia tras tragedia a causa de la impaciencia de Abraham. Si Abraham no hubiera pecado por medio de la impaciencia con las promesas de Dios, muchas tragedias que hoy son parte de nuestra historia podrían nunca haber ocurrido. La religión musulmana traza su linaje cultural y religioso en Abraham y su enredo con la sierva de Sara, Agar (e Ismael, quien nació de esta relación). Eventos que van desde las guerras de conquista islámicas de los siglos XVIII y XIX hasta el terror de los ataques del 11 de septiembre de 2001, y que podrían nunca haber ocurrido si Abraham no hubiera sido impaciente con Dios.

Una de las lecciones del error de Abraham es que nosotros no debemos nunca pensar que nuestro pecado no va a afectar a otros. Nuestro pecado puede impactar no solamente a las personas alrededor nuestro, sino también a las generaciones que todavía no han nacido. Otra lección que deberíamos aprender es que un tiempo de prueba frecuentemente pisa los talones de una bendición. Si usted será bendecido pronto, ¡noticia!, una prueba está justo a la vuelta de la esquina. Este es un principio bíblico, y he visto este principio confirmarse en mi vida muchas veces.

Si Génesis 15 puede llamarse «El capítulo de la fe», Génesis 16 puede llamarse «El capítulo del fracaso». En el capítulo 15, Abraham caminó por fe. En el capítulo 16, él camino en la carne. En Génesis 15, Abraham escuchó a Dios. En el capítulo 16, él escuchó a su esposa.

No me mal entienda, no soy más duro con Sara de lo que soy con Abraham. El piso está igualado entre Abraham y Sara. En Génesis 12, Abraham pidió a Sara mentir cuando estaban a punto de entrar a Egipto. Ese fue su pecado y la evidencia de su falta de fe. Ahora en Génesis 16, Sara viene con él y lo insta a apartarse de su confianza en la promesa de Dios.

Esto no exime a Abraham de su responsabilidad moral. Él es responsable de hacer lo correcto y continuar contando estrellas y confiando en Dios, aun si su esposa lo instó a pecar. Demos un vistazo a los versículos de apertura de Génesis 16:

> Sarai mujer de Abram no le daba hijos; y ella tenía una sierva egipcia, que se llamaba Agar. Dijo entonces Sarai a Abram: Ya ves que Jehová me ha hecho estéril; te ruego, pues, que te llegues a mi sierva; quizá tendré hijos de ella. Y atendió Abram al ruego de Sarai. Y Sarai mujer de Abram tomó a Agar su sierva egipcia, al cabo de diez años que había habitado Abram en la tierra de Canaán, y la dio por mujer a Abram su marido. Y él se llegó a Agar, la cual concibió; y cuando vio que había concebido, miraba con desprecio a su señora. (vv. 1-4)

Debe encontrar esto inesperado, pero creo que cuando Sarai instó a Abraham a tener relaciones con su sierva Agar, Sarai, estuvo verdaderamente involucrada en un acto de abnegación y amor hacia su marido. Le mostraré lo que quiero decir. Para hacer eso, requiero transportarlo cuatro mil años atrás en el tiempo. Necesitamos ir hacia atrás en la historia, no solamente a una época temprana, sino hacia una cultura infinitamente diferente, para que podamos entender que fue lo qué ocurrió entre Abraham, Sarai y su sierva Agar.

En función de dividir correctamente la Palabra de Dios, debemos situar este pasaje de la Escritura en su contexto apropiado. Por *contexto*, no solamente me refiero a los versículos anteriores y posteriores. Quiero decir que debemos entender para quiénes fue escrito este texto y sobre quiénes fue escrito. Debemos entender los tiempos y la cultura en los cuales fue escrito. ¿Qué intenta decir el pasaje? ¿Cuál era la costumbre cultural de ese tiempo? No podemos entender lo que la Biblia nos dice hoy a menos que entendamos lo que le dice a la gente para la que fue escrita.

En aquellos días, en esa cultura, la reputación de un hombre en la sociedad dependía de cuántos hijos tenía. El estatus de Abraham en su sociedad y aun su virilidad estaban en juego. Sarai sintió que Abraham era deshonrado y humillado en la sociedad de Medio Oriente de ese tiempo debido a que él no tenía hijo.

Sarai quería que el mundo supiera que la razón por la que ellos no podían tener hijos era porque ella no podía concebir. Ese fue su error, no fue el error de su esposo. Sarai creyó sinceramente que, si ella seguía las normas culturales, ella podía dar a Abraham el hijo que él quería por medio de su sirvienta egipcia Agar.

La costumbre de tener hijos por medio de sus esclavos o sirvientes era bastante común en el mundo antiguo. Si la esposa no podía dar hijos a su esposo, ella podía tener a su sirvienta embarazada, luego la sirvienta podía entregar el bebé al regazo de su señora. Gracias a esta amable mentira, las mujeres que no podían concebir podían tener un hijo. Esto era legal y aceptado en el Medio Oriente de ese tiempo, pero esto no era correcto ante los ojos de Dios.

En cada cultura, existen prácticas que son legales, pero aun así equivocadas ante los ojos de Dios. El aborto es legal y aceptado por la sociedad, pero Dios dice que es pecado. El matrimonio del mismo sexo es ahora legal en Estados Unidos, pero Dios dice que esto es contrario al orden de su creación. El adulterio, la fornicación y la pornografía o mentir para obtener ventajas profesionales, asesinato de personajes políticos para ganar ventaja en la política, y muchos otros actos viles son aprobados y aplaudidos en muchos rincones de nuestra sociedad. Pero estos actos son gravemente pecaminosos ante los ojos de Dios.

Sarai instó a su esposo a cometer un acto de adulterio para apresurar las promesas de Dios. Creo que sus motivos fueron altruistas (no menos pecaminosos, pero al fin y al cabo altruistas). Aunque ella buscó asumir la culpa y el estigma de la falta de hijos de Abraham, ella instó y alentó a su esposo a pecar.

Creo que, si cualquier otra persona hubiese sugerido tales acciones a Abraham, él probablemente lo hubiera rechazado. Pero la sugerencia venía de la misma Sarai. Si ella fue la que propuso que él tuviera relaciones con su sierva para tener un hijo, entonces (él probablemente pensó) ¿por qué debería discutir con ella? Pero en su corazón, creo que Abraham sabía que eso estaba mal. Sabía que tener un hijo con otra mujer en lugar de su esposa podría no mantener las promesas de Dios.

Abraham escuchó el apremio de Sarai. Él tuvo relaciones con Agar, y ella concibió un hijo. Él actuó en impaciencia, apartado de la fe. Y el resultado fue desastroso.

Las buenas intenciones no son sustituto de la obediencia

Pablo argumenta en Gálatas 4 que es de vital importancia el que seamos descendientes espirituales de Abraham a través de Sarai e Isaac, y no por medio de Agar e Ismael:

> Decidme, los que queréis estar bajo la ley: ¿no habéis oído la ley? Porque está escrito que Abraham tuvo dos hijos; uno de la esclava, el otro de la libre. Pero el de la esclava nació según la carne; mas el de la libre, por la promesa. Lo cual es

> una alegoría, pues estas mujeres son los dos pactos; el uno proviene del monte Sinaí, el cual da hijos para esclavitud; éste es Agar. Porque Agar es el monte Sinaí en Arabia, y corresponde a la Jerusalén actual, pues ésta, junto con sus hijos, está en esclavitud.
>
> Así que, hermanos, nosotros, como Isaac, somos hijos de la promesa. Pero como entonces el que había nacido según la carne perseguía al que había nacido según el Espíritu, así también ahora. Mas ¿qué dice la Escritura? Echa fuera a la esclava y a su hijo, porque no heredará el hijo de la esclava con el hijo de la libre. De manera, hermanos, que no somos hijos de la esclava, sino de la libre. (vv. 21-25, 28-31)

Aquí hay un poderoso principio espiritual actuando en la historia de Abraham, Sarai y Agar, y un profundo simbolismo espiritual. La descendencia espiritual de Abraham, Ismael, y la mujer esclava Agar son esclavos de la ley de Moisés, dada en el Monte Sinaí. Pero nosotros, como descendientes espirituales de Abraham, Isaac, y de la mujer libre Sarai, somos ciertamente libres a través de la fe en Jesucristo.

En Génesis 15, Abraham le dijo a Dios que, debido a que él no tenía hijo, «¿... el mayordomo de mi casa es ese damasceno Eliezer? [...] he aquí que será mi heredero un esclavo nacido en mi casa». El Señor replicó: «No te heredará éste, sino un hijo tuyo será el que te heredará». Luego el Señor llevó fuera a Abraham y le mostró el cielo nocturno. «Mira ahora los cielos, y cuenta las estrellas [...] Así será tu descendencia», dijo el Señor a Abraham.

Algunas personas han tratado de defender el enredo de Abraham con Agar apuntando que Dios nunca le dijo a Abraham que tendría un hijo de su esposa Sarai. Que Dios únicamente dijo a Abraham: «Un hijo tuyo será el que te heredará».

Dios nunca le dijo a Abraham que no tuviera un hijo con la sierva de su esposa.

Pero Dios no tenía por qué ser tan específico. Abraham únicamente tenía una esposa, y esta era Sara. El hecho de que el hijo de Abraham debiera ser concebido por Sara, su esposa, estaba claramente implícito por Dios y claramente entendido por Abraham. No hay duda de que Abraham sabía que estaba evadiendo la voluntad de Dios al consentir el bien intencionado pero pecaminoso plan de Sara. Las buenas intenciones no son un sustituto de la obediencia. Abraham sabía que Dios había planeado para él tener un hijo de Sara, pero para este momento, la espera había llegado a ser casi insoportable para ellos.

Yo sería la última persona en la tierra en decir que la espera es fácil. Puedo simpatizar con su angustia y aun con su creciente impaciencia. Sara vio su situación y concluyó, de hecho: «¡Míranos! ¡Somos viejos! ¡Estamos listos para el asilo, no para una guardería! A todos los demás de nuestra edad les llaman abuela o abuelo, aun bisabuela o bisabuelo, ¿y pretendemos esperar a que Dios nos dé un bebé?

La decepción e impaciencia de Sara y Abraham son entendibles. Pero ellos cruzaron la línea hacia la desobediencia cuando decidieron ayudar a Dios a precipitar su programa. Cuando dejamos de confiar en las promesas de Dios, no importa cuán racional y lo bien intencionadas que pudieran sonar nuestras razones, estamos culpando a Dios de nuestras dificultades.

¿Alguna vez he estado impaciente con el tiempo de Dios? ¿Alguna vez he intentado acelerar el programa de Dios? Debo confesar: he estado ahí, lo he hecho. Francamente confieso que puedo algunas veces ser impaciente como Abraham y Sara. Uno de mis más grandes temores es que pierda la paciencia con Dios y trate de apresurar su voluntad. ¡Que nunca sea!

Dios no necesita nuestra ayuda

Lea Génesis 16:2 con cuidado y verá que Sara es bastante explícita en culpar a Dios de su falta de hijos: «Ya ves que Jehová me ha hecho estéril», dijo ella. Y para ser honesto, está en lo correcto. Fue Dios quien decidió si la matriz de Sara sería fértil y abierta o cerrada y sellada. Pero en lugar de aceptar la voluntad de Dios y esperar a ver cómo Él podría cumplir su promesa, ella impacientemente culpó a Dios. En ese momento, Sara le dijo a Abraham: «Te ruego, pues, que te llegues a mi sierva; quizá tendré hijos de ella».

Algunas veces hacemos las cosas equivocadas con las mejores intenciones. Nos decimos a nosotros mismos: «Al final, mis motivos eran buenos». Pero el pecado es pecado, y punto.

Pregunta: ¿Quién falló aquí? ¿Sara o Abraham? Respuesta: ¡Ambos! La única persona que no falló fue Agar. Ella era una esclava, una humilde esclava. Ella tuvo que hacer lo que dijo que haría. Ella no tenía autoridad en absoluto.

Ahora, déjeme ofrecer algún otro consejo que con frecuencia me doy a mí mismo. Cuando estoy esperando que Dios haga algo sobrenatural, soy cuidadoso de no intentar hacer lo natural. No trate de ayudar a Dios. Él no necesita nuestra ayuda. Manténgase a su servicio, viva y espere en Él.

Por intentar ayudar a Dios y apresurar su voluntad, Abraham y Sara hicieron un revoltijo de cosas. Sí, se especializa en levantar todos los hilos de nuestros errores y entretejerlos dentro de un bello tapiz de su gracia. Él es famoso por engomar juntas las piezas de nuestras vidas fracturadas dentro de un bello mosaico de su amor. Este es el Dios cuya manualidad vemos en este pasaje. Pero en nuestra vida serán mucho más agradables, mucho más efectivas, si esperamos en Dios en obediencia.

Cuando mi esposa y yo éramos jóvenes y nuestros hijos pequeños, mi esposa solía leer rimas infantiles para ellos. Yo veía y escuchaba, y vi la sorpresa en los ojos de mis hijos cuando ella les leía. Una de mis historias favoritas era acerca de un amigo en forma de huevo: «Humpty Dumpty se sentó sobre el muro, y sufrió una fuerte caída. Ni todos los caballos ni los hombres del rey pudieron armarlo otra vez».

Recuerdo una ocasión en la que escuché esa rima y pensé: *Humpty Dumpty no necesita los caballos del rey ni los hombres del rey; ¡Él necesita al rey!*

Usted y yo necesitamos al rey, porque el rey puede hacer aquello que los caballos y los hombres del rey no pueden hacer. Confíe en Dios nuestro rey. Crea en Él. Sea paciente y espere en Él. Él guardará su Palabra y llevará a cabo su voluntad.

Sara y Abraham contaron a Agar su plan, luego ellos pusieron su plan en acción. Era un plan para traer sobre sí los milagros de Dios por medios meramente naturales y humanos. Pero les salió el tiro por la culata.

Hay muchos oradores motivacionales quienes dan seminarios, escriben libros, y aparecen en televisión; venden ideas de autoayuda que están diseñadas para traer sobre sí «milagros» por medio de métodos humanos. Ellos dan a sus ideas nombres agradables al oído: el poder del pensamiento positivo, nuevo pensamiento, actitud mental positiva, afirmaciones positivas, meditación trascendental, curso de milagros, el poder del ahora, visualización creativa, y muchos otros. Algunos de estos gurús de la Nueva Era aun por medio de la jerga cristiana arrastran a cristianos ingenuos, pero no hay nada de bíblico en sus enseñanzas.

Ellos no pueden enseñarle a usted cómo producir milagros. Solo Dios puede obrar un milagro. Él nos pide a usted y a mí tener fe y paciencia mientras esperamos en Él. Cualquier cosa que

Dios nos haya prometido en su Palabra, Él la hará, y no necesita nuestra ayuda.

Dios cuida de Agar

Cuando Agar estuvo ya embarazada, Sara descubrió la verdad de aquel viejo adagio que dice: «Sé precavido con lo que deseas, porque podrías obtenerlo». Cuando Agar se percató de que estaba embarazada, comenzó a despreciar a Sara, y ella de inmediato culpó a Abraham:

> Entonces Sarai dijo a Abram: Mi afrenta sea sobre ti; yo te di mi sierva por mujer, y viéndose encinta, me mira con desprecio; juzgue Jehová entre tú y yo. Y respondió Abram a Sarai: He aquí, tu sierva está en tu mano; haz con ella lo que bien te parezca. Y como Sarai la afligía, ella huyó de su presencia. (Gn. 16:5-6)

Sarai se resintió contra Agar y procedió a maltratarla. Abusó y reprendió verbalmente a Agar y tal vez la atacó físicamente también; cualquier cosa para borrar esa sonrisa de la cara de Agar. Únicamente sabemos con seguridad que Sarai maltrató a Agar de alguna manera.

Note cuán voluble fue la memoria de Sara. Ella culpó furiosamente a Abraham por el lío. Ahora Agar estaba embarazada, Sara experimentaba el desprecio y todo era culpa de Abraham. Era como si Sara olvidara por completo que esa maquinación había sido totalmente su idea. Las intenciones de Sara podían haber sido buenas, pero como dice el viejo dicho: «El camino al infierno está pavimentado de buenas intenciones». Es tan cierto como nosotros lo hagamos que sea. Los problemas siempre vienen cuando sustituimos con buenas intenciones la auténtica obediencia.

La Biblia no nos dice cómo Abraham respondió a las acusaciones de Sara. Puedo verlo a él esquivando la vajilla voladora y tartamudeando: «¡Cariño! ¡Mi cielo! Recuerda, fue tu idea».

Solo puedo ver los ojos como fogonazo de Sara, y diciendo: «¡Mi idea! ¡No trates de culparme de eso a mí! ¡Podrías haber dicho que no!».

¿Y qué de la pobre Agar? Ella pensó que tener al bebé del jefe significaría un ascenso, pero con esto únicamente obtuvo el castigo. Cuanto más su figura llegaba a su apogeo, más malas caras Sara recibía. Todo lo que Agar hizo fue recibir órdenes.

Pero junto con los inmerecidos problemas de Agar, ella estaba a punto de recibir inexplicables bendiciones. Nunca subestime a Dios. Él le dará inexplicables bendiciones a través de problemas injustos. Nuestro Dios es un Dios de justicia, y Él ve lo que está ocurriendo.

Agar supo que era peligroso para ella y su recién nacido permanecer en la casa de Abraham. La única cosa que ella podía hacer era huir muy lejos. ¿Qué ocurrió cuando ella escapó?

> Y la halló el ángel de Jehová junto a una fuente de agua en el desierto, junto a la fuente que está en el camino de Shur. Y le dijo: Agar, sierva de Sarai, ¿de dónde vienes tú, y a dónde vas? Y ella respondió: Huyo de delante de Sarai mi señora. Y le dijo el ángel de Jehová: Vuélvete a tu señora, y ponte sumisa bajo su mano. Le dijo también el ángel de Jehová: Multiplicaré tanto tu descendencia, que no podrá ser contada a causa de la multitud.
>
> Además, le dijo el ángel de Jehová: He aquí que has concebido, y darás a luz un hijo, y llamarás su nombre Ismael,

> porque Jehová ha oído tu aflicción. Y él será hombre fiero; su mano será contra todos, y la mano de todos contra él, y delante de todos sus hermanos habitará.
>
> Entonces llamó el nombre de Jehová que con ella hablaba: Tú eres Dios que ve; porque dijo: ¿No he visto también aquí al que me ve? Por lo cual llamó al pozo: Pozo del Viviente-que-me-ve. He aquí está entre Cades y Bered. Y Agar dio a luz un hijo a Abram, y llamó Abram el nombre del hijo que le dio Agar, Ismael. Era Abram de edad de ochenta y seis años, cuando Agar dio a luz a Ismael. (Gn. 16:7-16)

Esta es la primera vez en la Escritura que vemos la frase «el ángel de Jehová». Este no es un ángel ordinario. Creo que este ángel es nada menos que una teofanía, una aparición preencarnada del Señor Jesucristo. (Previamente vimos una teofanía en el encuentro de Abraham con Melquisedec, rey de Salem, en Génesis 14).

Jesús, el Hijo de Dios, nació como un bebé humano en Belén hace más de dos mil años. Pero este no fue el principio de su existencia. El Hijo de Dios coexistió con Dios el Padre desde antes del comienzo del mundo, como Juan describe a Jesús en su evangelio: «Todas las cosas por él fueron hechas, y sin él nada de lo que ha sido hecho, fue hecho» (Juan 1:3). Y Pablo afirma esta gran verdad acerca de Jesús: «Porque en él fueron creadas todas las cosas, las que hay en los cielos y las que hay en la tierra, visibles e invisibles; sean tronos, sean dominios, sean principados, sean potestades; todo fue creado por medio de él y para él» (Col. 1:16).

Cuando este ángel apareció a Agar (la palabra *ángel* significa «mensajero»), Agar lo llamó «Señor». El texto nos dice: «Entonces llamó el nombre de Jehová que con ella hablaba: Tú eres

Dios que ve; porque dijo: ¿No he visto también aquí al que me ve?». Claramente, Agar sabía que ella había visto a Dios en forma humana. Mientras Agar perdía las esperanzas en el desierto, creyéndose abandonada, Dios acudió a ella y le dio esperanza. Cuando se sienta tentado a pensar que Dios le ha abandonado, que Él no cuida de usted y que las pruebas lo confrontan, recuerde a Agar. Recuerde que ella lo llamó «Tú eres Dios que ve».

Él es el Dios que lo ve a usted también. Él no solamente lo ve, sino que sabe todos los detalles de su vida. Él conoce sus dolencias, sus necesidades, sus culpas, sus anhelos. Él lo conoce mejor de lo que usted a usted mismo.

Sea paciente con el retraso de Dios

¿Ha tratado de apartarse del lugar de la obediencia? El Señor quiere que usted sea paciente y espere; pero usted huye. He intentado correr de la obediencia un par de ocasiones en mi vida, y solo termino más miserable. He descubierto que el lugar de la bendición es el lugar de la obediencia.

Esto ha venido a ser una epidemia en nuestra cultura actual: huir de nuestros problemas en lugar de quedarse y enfrentarlos. ¿Problemas en el matrimonio? «Quiero el divorcio». ¿Problemas en el lugar de trabajo? «Lo dejo». ¿Problemas en la iglesia? «Encontraré una iglesia que no tenga problemas». (Buena suerte con esto). Cuando los problemas vienen a nosotros, huimos.

El problema de tratar de huir de nuestros problemas es realmente el problema con nosotros. Los problemas en nuestro matrimonio, en nuestro trabajo, en la iglesia... al final la mitad de cada uno de nuestros problemas son nuestras propias acciones. Por tanto, cuando huimos, los problemas se van con nosotros. Si vamos por un nuevo matrimonio, un nuevo trabajo o una nueva iglesia, descubrimos que «¡No puedo huir del problema! ¡Aquí está otra vez!». ¿Por qué? Porque *el problema somos nosotros*. Y no podemos huir de nosotros mismos.

Pero Dios sale a buscarnos. Se hace presente aun cuando tratemos de huir. Como el salmista escribe: «Si tomare las alas del alba. Y habitare en el extremo del mar, aun allí me guiará tu mano, y me asirá tu diestra» (Salmos 139:9-10). Esa es la verdad que una esclava egipcia de nombre Agar descubrió junto a un manantial en el desierto.

¿Hacia dónde estaba huyendo Agar? Probablemente iba de regreso a Egipto. Fue formidable que Dios la haya interceptado antes de que fuera demasiado lejos. No había mucha consideración a las madres solteras en Egipto. Ella hubiera vivido miserablemente también allí.

Podría haber sido fácil para Agar irse de regreso hacia el campamento de Abraham. Cuando Agar llegó a embarazarse, comenzó a despreciar a Sara, y Sara hizo lo mismo con ella. Agar tenía muchas razones para esperar que podría recibir más humillación de manos de su señora. Pero Agar obedeció el mensaje de parte del Señor.

Dios le había anunciado a Agar que estaba a punto de recibir inesperadas bendiciones. Pero para recibir estas bendiciones, ella tuvo que regresar a la tienda de Abraham y Sara. Ella debía regresar al camino de la obediencia. La Biblia es clara en decir que el camino de la obediencia es el camino de la bendición, pero el camino de la desobediencia es el camino de la desolación.

En los primeros años de mi caminar con el Señor, yo podía llorar delante de Dios cuando mis problemas llegaban a ser tan grandes como para soportarlos: «¡Dios, por favor, cambia mis circunstancias!». Y Dios permitía mis pucheros y llanto por unos momentos. Finalmente, en una dulce y quieta voz, Dios me diría: «Michael, antes de cambiar tus circunstancias, yo quiero cambiarte a ti».

Y Dios dio un mensaje similar a Agar. Le dijo, de hecho, «te bendeciré, Agar, pero necesitas regresar de nuevo a una circunstancia de obediencia. Tendrás un hijo y deberás llamarlo Ismael, que significa "Dios oye". He escuchado tu llanto y aflicción. Yo escucho el llanto de aquellos quienes han sufrido maltrato. Te escucho sufrir, Agar».

Cuando Dios le preguntó a Agar de dónde venía y hacia dónde iba, Él no estaba pidiendo información que no supiera ya. Dios en realidad conocía todo acerca de ella. Él es omnisciente. Pero buscaba que ella expresara su dolor sufrido y la desesperanza sobre el futuro para que así pudiera ella ser sanada.

Creo que cuando Agar regresó, era una mujer cambiada. Y no solo eso, sino que ella cambió el corazón de Abraham. Ella permaneció en la casa de Abraham por trece años.

En nuestra desesperación por cambiar las circunstancias, con frecuencia tratamos de alterarlas a nuestro tiempo y modo. Impacientemente dejamos de confiar en Dios y en su plan para nuestras vidas, y comenzamos a buscar maneras hacia el crucero y los destellos de las luces rojas de Dios que toman lugar frente a nosotros para nuestra protección. Cuando intentamos atajos en el plan de Dios para nuestras vidas, inevitablemente nos encontramos a nosotros mismos en el camino de la locomotora. Cuando queremos apresurar los planes de Dios, nuestra impaciencia nos lleva al desastre.

Hay buenas razones para el retraso de Dios. Él está trabajando en muchos frentes al mismo tiempo, preparando corazones, arreglando situaciones, y alineando circunstancias. Su bendición se revelará. Su propósito se cumplirá. Solamente necesitamos una fe verdadera. Necesitamos orar: «Señor, confío en ti.

Llévame al lugar de la obediencia. Ponme en el lugar de la bendición. Esperaré en ti, en que hagas tu milagro en mi vida».

7

El silencio de Dios

Silencio.

Algunas personas lo desean. Otros lo detestan.

Algunos no están contentos a menos que estén rodeados de ruido; no pueden ir a ningún lado sin su estridente música dentro de su cabeza a través de su par de audífonos. No pueden ir a dormir sin la televisión o la música de alguna de sus aplicaciones del celular. El silencio los pone ansiosos e irritables.

Para otros, el ruido los conduce a la locura. Aun el sonido del tronar de los nudillos o sorber la sopa puede causarles una gran incomodidad mental. Esto tiene un nombre médico debido al tipo de hipersensibilidad al sonido y que conduce a muchas personas hacia la irritabilidad: se llama misofonía. El silencio, para ciertas personas, es oro molido.

En la relación matrimonial, el silencio no siempre es oro. El silencio puede en algunas ocasiones ser más ensordecedor y destructivo que el ruido de la discusión. Entre el esposo y la esposa, el silencio significa aislamiento, rencor, y falta de comunicación.

El silencio puede ser ensordecedor en nuestra relación con Dios. Cuando estamos en silencio, hemos dejado de orar a Dios, hemos dejado de buscar compañerismo con Él así como la guía que de Él proviene. Hemos sacado a Dios de nuestros pensamientos y planes. No escuchamos nada de su voz; ni siquiera hablamos con Él.

Pero ¿qué tal cuando Dios está en silencio?

¿Qué tal aquellos tiempos cuando oramos, pero no escuchamos a Dios hablándonos? Con facilidad malinterpretamos su silencio. Pensamos que Dios nos ha abandonado. Que Él ha detenido su respuesta a nuestras oraciones. Aun su escucha a nuestras oraciones. Pensamos que Dios está airado con nosotros, y lo culpamos a Él por darnos una dosis del tratamiento de su silencio.

Muchos cristianos, en algunos puntos de sus vidas, han experimentado el silencio de Dios. Lo sé, lo he vivido. Hace muchos años, Dios estuvo en silencio cuando realmente lo necesité para darme dirección y guía. Oraba: «¡Dios, si no escucho de ti, moriré!». Una exageración, lo admito. Por momentos, puedo ser el rey del drama. Pero realmente había tenido un intenso deseo de sentir la dirección de Dios en mi vida, y para nada podía hacerlo.

A través de la experiencia de otros he aprendido mucho acerca del silencio de Dios. He aprendido que con frecuencia Dios usa el silencio en nuestras vidas para hablarnos de maneras nuevas y para alinear nuestras vidas a su plan. A menudo, el silencio de Dios es tan significativo como su voz. Algunas veces usa el silencio para sus propósitos redentores. Cuando Dios está en silencio, tenemos la oportunidad de discernir el mensaje oculto en su silencio. Pero recuerde esto: aun cuando Dios esté en silencio, el está trabajando a nuestro favor.

Cuando Dios está en silencio

¿Cómo podemos aprender el significado del silencio de Dios? Pienso que no hay mejor manera que mirando específicamente un evento de la Escritura cuando Dios calló, momento en el cual los propósitos de Dios para mantener el silencio eran abundantemente claros.

El silencio del juicio de Dios

En 1 Samuel 3, Elí es el sacerdote a cargo del tabernáculo. Sus hijos están en rebelión, corrupción y desobediencia. Elí se ocupó mucho en el servicio en el tabernáculo, pero fue negligente en sus obligaciones como padre. Debido a que Elí había fallado en disciplinar a sus dos hijos, Dios dejó de hablarle. Esto es una señal del juicio de Dios en contra de Elí por fallar como padre; sin embargo, Elí no entendía por qué Dios había dejado de hablar con él.

Elí estaba a cargo de la crianza y la educación de un niño llamado Samuel. La madre del pequeño, Ana, había dedicado a Samuel a Dios y lo puso bajo el cuidado de Elí. (El niño Samuel, por supuesto, crecería para llegar a ser el profeta Samuel, el que ungiría al rey Saúl y al rey David). Una noche, Dios llamó a Samuel, y el niño pensó que Elí lo estaba llamando a él. Cuando vino a Elí y dijo: «Heme aquí», Elí replicó: «Yo no he llamado; vuelve y acuéstate» (v. 5).

Esto ocurrió tres veces, y finalmente Elí logró que Dios buscara hablar con él por medio de Samuel. Le dijo a Samuel que regresara a la cama y cuando él escuchó la voz otra vez, dijo: «Habla, Jehová, porque tu siervo oye» (v. 9).

Samuel obedeció, y Dios le dio a Samuel un mensaje para Elí; un mensaje de juicio por la falta de moral de Elí. La profecía de Dios fue más tarde llevada a cabo, y Elí y sus hijos murieron como resultado del juicio de Dios. Pero Dios primero expresó su juicio en contra de Elí por medio del silencio. Él dejó de hablar directamente con Elí. Él podía hablar únicamente por medio del niño Samuel.

Vemos el silencio del juicio de Dios en el Nuevo Testamento en el relato de Jesús y la mujer sorprendida en adulterio en Juan 8. Los líderes religiosos llevaron a la mujer ante Jesús y dijeron: «... esta mujer ha sido sorprendida en el acto mismo de adulterio. Y en la ley nos mandó Moisés apedrear a tales mujeres. Tú, pues, ¿qué dices?» (vv. 4-5).

Jesús no respondió. Se agachó y escribió sobre el piso con su dedo. Los líderes religiosos se mantuvieron arengándolo, tratando de obtener que rompiera su silencio. Él continuó escribiendo en silencio en el polvo del piso. Algunas personas piensan que escribió la lista de pecados de los acusadores de la mujer.

Finalmente, dijo: «El que de vosotros esté sin pecado sea el primero en arrojar la piedra contra ella» (v. 7). Y los acusadores de la mujer se dispersaron, avergonzados no únicamente por las palabras de Jesús sino también por el silencio de su juicio.

El silencio de su misericordia

Por momentos, Dios ejercita su misericordia hacia nosotros al no decirnos nada. Algunas veces, Él espera en silencio por nuestro arrepentimiento. Él nos da tiempo en silencio para responder a la persuasión del Espíritu Santo. Él nos da tiempo en silencio para reflejar su sublime amor y gracia para con nosotros.

Con facilidad malinterpretamos el silencio de Dios con enojo cuando Él podría simplemente estarnos dando tiempo para responder a su misericordia. Sea agradecido por su compasivo silencio. Pero, al mismo tiempo, no confunda el silencio de Dios como tolerancia para pecar. Arrepiéntase ya y restaure una correcta relación con Dios. Como el apóstol Pedro escribió: «El Señor no retarda su promesa, según algunos la tienen por tardanza, sino que es paciente para con nosotros, no queriendo que ninguno perezca, sino que todos procedan al arrepentimiento» (2 Pedro 3:9). Dios es paciente, pero no hace indulgencia a nuestros pecados, y no podemos con osadía dar por sentado su misericordia.

El silencio de la prueba

Job padeció un sufrimiento mucho mayor del que jamás hayamos conocido. Este hombre perdió todo: sus hijos, su riqueza, su salud, sus amigos y hasta su dignidad humana. Estuvo en dolor constante y extremo. Fue reducido a herirse la sarna y las llagas de su piel con un tiesto de cerámica roto.

Sus amigos se voltearon contra él y acusaron falsamente a este hombre de ocultar su pecado.

Cuando la gente piensa que la está pasando mal, lo que deberían hacer es leer el libro de Job, y sin pensarlo tendrán una nueva perspectiva de sus problemas. Estarán agradecidos de tener los problemas que tienen y no sufrir las pruebas de Job. Él soportó sufrimiento emocional, espiritual y físico. Él aguantó aflicción y humillación, oposición y condenación. Pero quiero guiarle a que el gran sufrimiento de Job es resultado del silencio de Dios. Job vertió sus cuestionamientos angustiosos ante Dios, pero el cielo parecía una cortina de plomo; él recibió una respuesta negativa.

Dios probó a Job, y ese fue el motivo del silencio en el libro homónimo. Para mantener su fe y su obediencia a pesar del silencio de Dios, Job demostró delante de Satanás y de los ángeles caídos que el juicio de Dios en contra de ellos era justo. Si un hombre de carne y hueso como Job podía mantenerse obediente ante tanto sufrimiento y el silencio de Dios, entonces los ángeles rebeldes quienes han visto a Dios cara a cara no tienen excusa.

Job persistió en oración a pesar del silencio de Dios. Fue como la viuda con la que Jesús habló en sus parábolas. Ella no dejó de golpear a la puerta de un juez injusto, y exigió que Él la escuchara y le hiciera justicia.[1] Algunas veces Dios quiere demostrarnos que debemos mantener nuestra confianza en Él a pesar de su silencio. Debemos mantenernos golpeando la puerta del cielo a través de nuestras oraciones. No se rinda. A diferencia de un juez injusto, Dios está más que dispuesto a darnos buenos regalos. Permanezca en oración.

El silencio de la espera

Algunas veces Dios se mantiene en silencio hasta que lleguemos a estar quietos. Cuando estamos ocupados, alborotados, y hablando hasta por los codos, no podemos escuchar a Dios hablar. Algunas veces Él espera hasta que nos calmemos, que bajemos la guardia, para que Él pueda hacer su obra en nuestras vidas.

Existe una diferencia entre perseverar (el silencio de la prueba) y dejar de esforzarme (el silencio de la espera). La diferencia entre perseverar y estar a la espera es nuestra actitud. Cuando somos probados y perseveramos en oración, con la certeza absoluta e inamovible de que Dios responderá, ese es el silencio de la prueba. Vemos esto en la historia de la mujer cananea, quien repetidamente suplicó a Jesús sanar a su hija en Mateo 15. Primero, Jesús estuvo en silencio; luego, Él se mantuvo cambiando el tema. Cada vez que Jesús intentó distraerla, ella volvía a perseverar en oración por su hija. Al final, Jesús dijo: «Oh mujer, grande es tu fe; hágase contigo como quieres» (v. 28). Y la hija de la mujer fue sanada al instante.

Hay momentos cuando Dios quiere que martillemos las puertas del cielo como esta mujer. Pero hay otros tiempos cuando Él nos quiere quietos en nuestros pensamientos, que dejemos ir nuestra ansiedad emocional, y aun estar en su presencia antes de que Él hable. Este es el silencio de la espera. Como leemos en Salmos 37:7:

> Guarda silencio ante Jehová,
> y espera en él.

Cuando Dios está en silencio necesitamos orar por sabiduría para saber qué es lo que Él quiere de nosotros, para asaltar las puertas del cielo con nuestras oraciones o cesar nuestros esfuerzos y simplemente estar quietos ante su presencia, escuchando atentamente su voz.

El silencio del amor de Dios

Por momentos las palabras nos distraen del mensaje de Dios. Él no solamente quiere instruirnos, sino que también quiere abrazarnos con su amor. Necesitamos aprender a descansar, quieta y serenamente, en su amor. Esta es la razón por la que algunas veces está en silencio. Las palabras no pueden expresar lo que Dios siente por nosotros y lo que nosotros sentimos por Dios. Él envió a su Hijo para morir por nosotros. Él nos perdonó, nos salvó, nos redimió por toda la eternidad. Ahora Él desea que descansemos en su amor.

¿Ha escuchado el silencio de Dios? ¿Ha sentido su amor en la quietud a su alrededor? Escuche… escuche… ¿escucha eso?

Es el sonido del latido del corazón de Dios. Su silencio es el sonido de su amor.

Trece años de silencio

En Génesis 17 encontramos que Dios ha estado en silencio por trece años. Abraham era de ochenta y seis años al final de Génesis 16; y en Génesis 17 tiene noventa y nueve. ¿Qué ocurrió en la vida de Abraham durante aquellos trece años entre Génesis 16 y 17? No lo sabemos. Las Escrituras están en silencio al respecto (trece años de silencio).

¿Qué hizo Dios en las vidas de Abraham y Sara durante esos trece años de silencio? Tal vez les estaba dando tiempo para reflexionar acerca de su pecado de apresurar los planes de Dios. O tal vez Dios buscó asegurarse de que Abraham estuviera tan viejo, y su semilla ya muerta, para que cuando Isaac, el hijo de la promesa finalmente naciera, solo Él recibiera el crédito y la gloria de la milagrosa concepción y nacimiento. O tal vez, la respuesta es tan sencilla como que nada de importancia ocurrió durante esos años.

Al final de Génesis 16, Agar regresó a vivir con Abraham y Sara. En Génesis 17, Agar es una mujer por completo distinta a la que vivía con Abraham y Sara. Dios cambió los corazones de Abraham y Sara, y ahora ellos la aceptaron como parte de su casa.

Tal vez Abraham pensó que todo iba bien en su vida. Tenía un hijo y creyó que todas las bendiciones que Dios le había prometido podrían ser sobre Ismael, y eso estaba bien para Abraham. Pero después de trece años sin novedad, Dios estaba a punto de sacudir a Abraham y sacarlo de su zona de confort.

Una de las ideas equivocadas más comunes que tienen los creyentes acerca de la vida cristiana es que es libre de problemas, que una vida sin novedades significa que todo está bien en nuestra relación con Dios. De acuerdo con esta perspectiva, las pruebas, los obstáculos y la oposición significan que Dios está airado y que hay problemas en nuestra relación con el Señor. Si bien es cierto que Dios algunas veces usa las crisis y las pruebas para llamar nuestra atención, este no es siempre el caso. Ir viento en popa a través de la vida no necesariamente significa que estamos viento en popa en nuestra relación con Dios.

Creo que Abraham tuvo gran complacencia durante aquellos trece años de silencio. Él dejó de contar estrellas cuando ya no pudo verlas. De hecho, creo que el pensó que su hijo con Agar, Ismael, era una de esas estrellas. Aparentemente, él dejó de creer en que Dios le había prometido un hijo de su esposa Sara. Él había comenzado a poner la esperanza de su futuro en Ismael. En Génesis 17:18 vemos a Abraham hablar con Dios: «Ojalá Ismael viva delante de ti». Abraham decidió que Ismael debía ser el hijo que Dios le prometió y se aferró a él en lugar de esperar el hijo de la promesa.

Pero Dios no dejaría que Abraham se rindiera respecto a su promesa. Él estaba a punto de sacudir el mundo de Abraham. Iba a demostrarle, bajo términos nada inciertos, que Sara (no Agar, la esclava egipcia) era la mujer a través de quien se cumpliría su promesa. Sara sería la progenitora del Mesías de Dios.

A través de cuatro mil años de historia judía, varios reyes y naciones han tratado de eliminar al pueblo escogido de Dios. Actos horribles de asesinatos en masa se han cometido en contra de los judíos, pero Dios siempre ha protegido un remanente de su pueblo. El pueblo escogido de Dios, los judíos, experimentaron la esclavitud, el exilio, el genocidio, de diásporas, y un holocausto. Satanás podía leer las profecías bíblicas acerca del Mesías, e hizo su mejor esfuerzo para destruir al pueblo del Mesías, al linaje del Mesías, al Mesías mismo.

La promesa que Dios le hizo a Abraham consistió básicamente en el advenimiento del Mesías, y Dios iba a cumplir su plan a través de la mujer libre, Sara, no de la esclava egipcia, Agar. Dios tenía un plan para la salvación de la raza humana a través de la simiente de Abraham, el Mesías, Jesús. Sin querer, Abraham había eludido el plan de Dios al intentar concebir fuera de su matrimonio un hijo de Agar. Por su desobediencia, Abraham representaba una amenaza precisamente a la promesa que Dios le había hecho a él.

Por tanto, Dios debía sacudir aquella satisfacción que tenía con Ismael. Él debía reorientar a Abraham hacia las poderosas verdades de su pacto. Dios debió mostrar a Abraham que Él iba a cumplir sus promesas con absoluta precisión, y que iba a cumplirlas a través de Sara, no de Agar. Dios responde oraciones y Él cumple sus promesas.

«Lo haré» y «Debes»

Cuando Abraham tenía noventa y nueve años, el Señor se le apareció. Echemos un vistazo a los primeros versículos de Génesis 17:

> Era Abram de edad de noventa y nueve años, cuando le apareció Jehová y le dijo: Yo soy el Dios Todopoderoso; anda delante de mí y sé perfecto. Y pondré mi pacto entre mí y ti, y te multiplicaré en gran manera. Entonces Abram se postró sobre su rostro, y Dios habló con él, diciendo: He aquí mi pacto es contigo, y serás padre de muchedumbre de gentes. Y no se llamará más tu nombre Abram, sino que será tu nombre Abraham, porque te he puesto por padre de muchedumbre de gentes. Y te multiplicaré en gran manera, y haré naciones de ti, y reyes saldrán de ti. Y estableceré mi pacto entre

> mí y ti, y tu descendencia después de ti en sus generaciones, por pacto perpetuo, para ser tu Dios, y el de tu descendencia después de ti. Y te daré a ti, y a tu descendencia después de ti, la tierra en que moras, toda la tierra de Canaán en heredad perpetua; y seré el Dios de ellos. Dijo de nuevo Dios a Abraham: En cuanto a ti, guardarás mi pacto, tú y tu descendencia después de ti por sus generaciones. (vv. 1-9)

Esta es la primera vez que Dios se identifica a sí mismo como *El Shaddai*, el Dios de poder y omnipotencia (traducido como «Dios Todopoderoso» en el v. 1). ¿Qué es lo que Dios le estaba diciendo a Abraham? ¿Por qué Él se identifica a sí mismo con ese nombre? De hecho, lo que Él está diciendo es: «Abraham, no necesito de tu improvisación en mi plan. Únicamente necesito tu obediencia. No necesito que des prisa a mi plan. Solamente obedece mi palabra. Soy capaz de cumplir mis promesas. Todo lo que necesito de ti, Abraham, es tu fe y tu obediencia. Es tiempo de que comiences a contar estrellas otra vez, sea que las veas o no».

Este pasaje suscita algunas preguntas: Si Dios demanda la obediencia de Abraham, ¿es su pacto realmente unilateral? Si la promesa de Dios es unilateral, ¿no puede Él hacerlo por sí mismo, sea que Abraham obedezca o no?

Dejemos que estas preguntas vayan aún más allá de la unilateralidad del pacto que Dios ha hecho con nosotros: el nuevo pacto de la sangre de Cristo. ¿Puede la salvación tener lugar sin nuestra cooperación con Dios? Por favor, ponga mucha atención a la respuesta a todas estas preguntas.

Por un lado, nuestro Dios es soberano. Él es quien está en absoluto control. Uno de mis versículos de vida es Efesios 1:11: «En él asimismo tuvimos herencia, habiendo sido predestinados conforme al propósito del que hace todas las cosas según el designio de su voluntad». Dios lleva a cabo todas las cosas de acuerdo con el designio de su voluntad.

Por otro lado, Dios demanda nuestra responsabilidad. En este pasaje, Dios dice «Lo *haré*» una y otra vez: «Y *te multiplicaré* en gran manera, y *haré* naciones de ti... Y *estableceré* mi pacto... por pacto perpetuo... Y *te daré* a ti, y a tu descendencia después de ti, la tierra en que moras, toda la tierra de Canaán en heredad perpetua; y *seré* el Dios de ellos» (énfasis añadido).

Pero hay un contraste con las afirmaciones «Lo haré» de Dios. Más adelante en este pasaje, Dios le dice a Abraham que en respuesta a ese pacto, «tú harás» esto y «tú debes hacer» esto otro. Hay muchos cristianos flojos cuya interpretación la doctrina de la soberanía de Dios implica que ellos no deben hacer nada, que Dios hará todo. Pero esto es un falso entendimiento de la soberanía de Dios.

Cuando Dios le dijo a Abraham «tú debes hacer» no le estaba diciendo que su pacto depende de las acciones de Abraham. El pacto depende de la gracia de Dios, punto. Pero al mismo tiempo, la gracia de Dios nos impulsa a responder. Hoy día, en los tiempos del Nuevo Testamento, cuando Dios nos salva, Él nos regenera. No deje que nadie le diga que su espíritu humano estaba en coma o medio dormido o tomando una siesta. La Biblia dice que estaba muerto, muerto, muerto.

Él Espíritu Santo tiene que entrar y levantarnos. Él cambia nuestros corazones. Cuando el Espíritu Santo nos convence es cuando podemos decir: «Oh Dios, soy pecador, camino al infierno. ¡Sálvame, perdóname!». Y podemos responder a su amor. Él nos regenera, y después nos justifica. Si la gracia no nos hace diferentes, de otros seres humanos, no es verdaderamente la gracia de Dios.

Si usted no vive, no ama y no obedece a Dios puede ser un indicativo de que su vida nunca ha sido regenerada por Él. De hecho, su obediencia y su amor hacia Dios y su Palabra son la única evidencia de que usted es un creyente nacido de nuevo. Si usted nunca ha sido regenerado, si el Señor Jesús le está hablando y diciendo: «Quiero atraerte, que creas en mí y que seas salvo», espero aquí y ahora que usted responda: «Heme aquí, Señor. Me arrepiento de mis pecados, y me encomiendo a ti para mi salvación».

No desperdicie otro momento de su vida viviendo para sí mismo. Acuda a Él, recíbalo y viva para Él.

Lo mejor de Dios; o lo segundo mejor

En Génesis 17, Dios cambió el nombre de Abram por Abraham, por padre exaltado o padre de multitudes. Que quede claro: la obediencia de Abraham no contribuyó en nada al pacto. De hecho, fue todo lo contrario. En los siguientes pocos versículos, Dios instituyó el ritual de la circuncisión, remover una parte de la carne del varón. El ritual significa la renuncia al esfuerzo humano, la obra de la carne.

En muchas maneras, la Cena del Señor es similar; es nuestro testimonio hacia el mundo de que creemos que no podemos salvarnos a nosotros mismos. Solamente podemos ser salvos por medio del derramamiento de sangre de Jesús en la cruz hace dos mil años. Estamos testificando al mundo que no podemos vivir sin la fortaleza de Dios. En la mesa del Señor, declaramos nuestra dependencia en Jesús. Declaramos que no podemos ir al cielo sin el derramamiento de sangre de Jesucristo. No podemos participar de las bodas del Cordero sin el derramamiento de sangre de Jesucristo.

La clave de Génesis 17 es el versículo 1, donde Dios habla a Abraham: «Yo soy el Dios Todopoderoso [*El Shaddai*]; anda delante de mí y sé perfecto». ¿Qué significa esto? Significa que confiamos en su Palabra de manera incondicional; que confiamos en sus promesas de forma absoluta; que confiamos en su plan por completo; que dejamos de intentar de perfeccionar el plan de Dios.

Dios continúa diciendo: «Y pondré mi pacto entre mí y ti, y te multiplicaré en gran manera». Y Dios enlista muchas otras cosas que Él hará por Abraham y sus descendientes. Luego, enlista las cosas que Abraham y sus descendientes deben hacer a cambio, incluyendo el rito de la circuncisión. Y finalmente, Dios dice esto refiriéndose a Sara, la esposa de Abraham:

> A Sarai tu mujer no la llamarás Sarai, mas Sara será su nombre. Y la bendeciré, y también te daré de ella hijo; sí, la bendeciré, y vendrá a ser madre de naciones; reyes de pueblos vendrán de ella. (vv. 15-16)

El nombre original de Sara, Sarai, el cual le fue dado en Mesopotamia, significa «la que contiende», «aquella que lucha». Pero cuando Dios confirma su promesa de un hijo de ella, Él dice a Abraham que de ahora en adelante él la llamara a ella *Sara*, que significa «princesa». ¿Por qué? Porque, Dios explica: «Vendrá a ser madre de naciones; reyes de pueblos vendrán de ella».

¿Y cuál es la respuesta de Abraham a la promesa de Dios concerniente a Sara? Reírse, incredulidad y una extraña falta de gratitud: «¿A hombre de cien años ha de nacer hijo? ¿Y Sara, ya de noventa años, ha de concebir? Y dijo Abraham a Dios: Ojalá Ismael viva delante de ti» (vv. 17-18).

¿No es esto sorprendente? Dios acababa de prometer bendición sobre bendición a Abraham y sus descendientes, y además prometió abrir la matriz de Sara y darle a Abraham el hijo de la promesa, un hijo nacido no de la esclava egipcia, sino de su esposa nacida libre. Y Abraham rio y dijo: «Ojalá Ismael viva delante de ti». En otras palabras: «Ismael lo hará. Solo bendícelo. Él ya está aquí. Solo usa al chico que ya tenemos. No vale meter a Sara en problemas por tener un bebé».

¿Has experimentado la frustración al intentar explicar una idea importante a alguien, y que esa persona simplemente no entienda? De hecho, ¿esa persona *se niega a* entender aquello que le estás diciendo? ¿No es exasperante? ¿No pone a prueba tu paciencia? Así es como Dios debió sentirse al intentar que Abraham entendiera la importancia de la promesa que Él le estaba haciendo. Dios, en su infinita paciencia, escogió explicarle su plan una vez más:

> Respondió Dios: Ciertamente Sara tu mujer te dará a luz un hijo, y llamarás su nombre Isaac; y confirmaré mi pacto con él como pacto perpetuo para sus descendientes después de él. Y en cuanto a Ismael, también te he oído; he aquí que le bendeciré, y le haré fructificar y multiplicar mucho en gran manera; doce príncipes engendrará, y haré de él una gran nación. Mas yo estableceré mi pacto con Isaac, el que Sara te dará a luz por este tiempo el año que viene. Y acabó de hablar con él, y subió Dios de estar con Abraham. (vv. 19-22)

En otras palabras, «Abraham, te lo voy a explicar una vez más, aunque he estado tratando de decirte esto por los últimos treinta años. Yo soy *El Shaddai*, el Dios todopoderoso, para quien nada es imposible. Yo soy el Dios que creó las estrellas y las galaxias con una sola palabra. Yo soy el Dios que ordena los tiempos y las estaciones, el día y la noche, el amanecer y las lluvias. Bendeciré a Ismael grandemente; pero establezco mi pacto con un hijo que nacerá de Sara el año que viene. Cuando él nazca, le llamarás Isaac, "el que ríe", una forma de recordar tu respuesta de hoy a la promesa que te hago. Quiero que siempre recuerdes, que dondequiera que llames a Isaac por nombre, yo soy el Dios quien guarda sus promesas y obra milagros en tu vida, aun después de que te has burlado de la promesa».

Abraham finalmente lo entendió, Dios va a darle un hijo de Sara, y por primera vez, Dios le había dado un periodo de tiempo: «el año que viene». Abraham no entendió las ramificaciones proféticas de las promesas de Dios hacia él. No entendió los planes de Dios para traer a la luz al Mesías, el Hijo de Dios, por medio de la línea descendiente de Abraham. No sabía los planes de Dios de enviar a Su Hijo, el descendiente de Abraham, Isaac y Jacob, de la casa de David, a la tierra para que naciera como un bebé y muriera en una cruz, y que ese Hijo llegaría a ser el Señor y Salvador de todos aquellos que crean en Él.

Posiblemente Abraham no podría entender la verdad que Pablo explicaría en una carta a los Gálatas algunos dos mil años después: «Ahora bien, a Abraham fueron hechas las promesas, y a su simiente. No dice: Y a las simientes, como si hablase de muchos, sino como de uno: Y a tu simiente, la cual es Cristo» (Gál. 3:16). Dios ofreció a Abraham y a toda la raza humana su mejor de lo mejor: el plan de salvación por gracia por medio de la fe en Jesucristo. Aun así, Abraham estaba más que dispuesto a conformarse con la segunda mejor opción: Ismael servirá.

¿Con qué frecuencia usted y yo nos conformamos con la segunda mejor opción, cuando Dios anhela darnos su mejor opción? ¿Con qué frecuencia nos conformamos cuando Dios dice: «Tengo planeado un sorprendente futuro para ti»? Dios quiere que sepamos: «Tengo nuevos territorios para ti para conquistar en mi nombre, nuevas y excitantes oportunidades para que sirvas en mi reino. Hay muchas almas que puedes ganar para mí, muchos nuevos ministerios para llevar a cabo».

Amigo en Cristo, te suplico: no te conformes con lo segundo mejor en tu caminar cristiano, no te acostumbres con menos que lo mejor de lo mejor de Dios.

Cuando el silencio habla más que las palabras

Dios le dijo a Abraham, de hecho, «te voy a bendecir, y voy a bendecir al mundo a través de ti». Él nos bendijo individualmente como creyentes para que seamos bendición a otros. Él no nos bendijo para que pudiéramos formar el Club de la Bendición. Él no nos bendijo para que seamos ricos, llenos de cariño y llenos mientras el resto del mundo va camino al infierno. No, estamos para usar las bendiciones que Dios derrama sobre nosotros para bendecir a otros, para servir a otros, para salvar a otros.

¿Las bendiciones de Dios fluyen libremente a través de ti hacia otros? ¿O estás acumulando las bendiciones de Dios a la manera en la que el Señor Scrooge almacenó oro? Has sido bendecido con las buenas nuevas de Jesucristo. Has sido perdonado, redimido y salvado. ¿Has compartido las bendiciones de las buenas nuevas con otras personas? ¿Compartes tu testimonio cristiano con los demás? ¿Dices a otros sobre cómo conocer a Cristo como Señor y Salvador? ¿Conversas sobre cómo ellos también pueden ser perdonados, redimidos y salvados?

Si no estás experimentando las incontenibles bendiciones de Dios, puede deberse a que te estás aferrando a ellas con tanta fuerza que las estás asfixiando. El fluir de las bendiciones de Dios con frecuencia se detiene por completo cuando las abrazamos con demasiada fuerza. Abre tus manos. Libera las bendiciones de Dios a la gente alrededor de ti; y prepárate para ser sorprendido de cómo Dios vierte una inundación de bendiciones por medio de tu vida y dentro de las personas a su alrededor.

Finalmente, Dios dio su mensaje a través de Abraham; luego Dios lo dejó. ¿Qué hizo Abraham? Los versículos concluyentes de Génesis 17 nos dicen:

> Entonces tomó Abraham a Ismael su hijo, y a todos los siervos nacidos en su casa, y a todos los comprados por su dinero, a todo varón entre los domésticos de la casa de Abraham, y circuncidó la carne del prepucio de ellos en aquel mismo día, como Dios le había dicho. Era Abraham de edad de noventa y nueve años cuando circuncidó la carne de su prepucio. E Ismael su hijo era de trece años, cuando fue circuncidada la carne de su prepucio. En el mismo día fueron circuncidados Abraham e Ismael su hijo. Y todos los varones de su casa, el siervo nacido en casa, y el comprado del extranjero por dinero, fueron circuncidados con él. (vv. 23-27)

Dios le dio a Abraham el rito de la circuncisión para cumplir como señal de obediencia. ¿Cómo respondió Abraham? Él no dijo: «Está bien, Señor, me haré la circuncisión que mencionas muy pronto, tal vez la semana entrante. O el mes que viene, cuando tenga más tiempo. Cuando pueda». No, Génesis nos dice que Abraham obedeció inmediatamente. De nuevo, el texto dice que Abraham cumplió los mandamientos de Dios «en el mismo día».

Pienso que Abraham fue tardo en aferrarse a las promesas de Dios, y que, en su ignorancia e impaciencia, trató de cambiar los términos de las promesas de Dios. Cuando Dios finalmente logró que entendiera, Abraham obedeció. Si usted ha estado en un salón de clases de niños ruidosos, habrá visto que el maestro intenta ganar la atención de los niños llamándolos o gritándoles, todo en vano. ¿Qué hacer? Con frecuencia, la única cosa que logra calmar a niños ruidosos es el silencio. La maestra se para y espera, sin decir nada; y gradualmente el salón de clases llega a estar en orden. Algunas veces el silencio habla más alto que las palabras.

¿Experimentas el silencio de Dios en este momento? Tal vez Dios quiere sacarte de tu zona de confort, de tu autocomplacencia. Tal vez Él ha tratado de explicar su plan para su vida, pero usted no ha estado escuchando. Tal vez su silencio sea un significativo silencio. Esté atento al mensaje del silencio de Dios.

Respóndale. Obedézcalo. Reciba la bendición que Él quiere derramar en usted; y comparta esa bendición con el mundo.

8

El amigo de Dios

Cuanto mayor me hago, más aprecio la amistad genuina.

¿Qué es un amigo? Un verdadero amigo es una persona que se adentra en su vida cuando cualquier otro lo abandona. Un verdadero amigo le ama con todas sus peculiaridades e idiosincrasias. Un verdadero amigo sabe todo acerca de usted y aun así lo ama.

En el Oriente Medio tenemos un dicho acerca de la amistad. En el lenguaje original hace una rima, pero en español dice algo como: «Su enemigo enumerará cada una de sus faltas, pero sus amigos aun tragarían piedras por usted». Esta es una vívida descripción de la verdadera amistad.

Génesis 18 revela una invaluable descripción de la relación entre Abraham y el Señor. No puede uno poner un valor a semejante afirmación: Abraham llegó a ser amigo de Dios.

Pregunta obligada: ¿Acaso no todos somos amigos de Dios? No en realidad. Pero podemos serlo. ¿Cómo pueden débiles y pecadores seres humanos llegar a ser amigos de un justo y santo Dios?

La base de la amistad con Dios es la fe. Es la fe la que nos conecta con Él. Es la fe la que permitió a Abraham ser amigo de Dios. Aun con todas sus fallas, Abraham llegó a ser amigo de Dios a causa de su fe. A pesar de sus debilidades, fracasos y pecado, Abraham tenía gran fe en Dios.

Fue la fe la que hizo al rey David un amigo de Dios. El Señor vio a David como un hombre conforme a su corazón. ¿Por qué? Ciertamente no se debió a que David fuera perfecto. Durante un mal momento extremo en su vida, David cometió adulterio, asesinato, y un gran encubrimiento tipo Watergate. David era un ser humano con fallas, pero era amigo de Dios porque tenía una gran fe en Dios.

Fue la fe lo que le permitió a Enoc no solo caminar con Dios sino también entrar al cielo sin pasar a través de la muerte.[1] Las Escrituras nos dicen muy poco acerca de este hombre ya anciano, pero por lo que sabemos, es claro que Enoc, así como Abraham y David, era amigo de Dios.

Cuando usted y yo estábamos perdidos en pecado, Dios nos extendió su amistad. Nos dio a su unigénito y único Hijo, Jesús, para morir en la cruz y resucitar otra vez para hacernos cercanos como amigos. Esta es la razón por la que escoger a Jesús por sobre todas las cosas, amarlo más que a cualquier otra persona, ponerlo por encima de todos, pasar tiempo con Él sin prisa antes que cualquier cosa, deleitarse en su presencia y su compañía más allá de todo y proclamarlo sin sentir vergüenza son evidencias de que usted y yo tenemos una amistad con Dios.

Génesis 18 es un pasaje que resalta en la Escritura porque contiene cada aspecto de lo que significa ser amigo de Dios, a pesar de que la palabra *amigo* no aparece por ningún lado en el capítulo. Abraham es llamado amigo de Dios en tres ocasiones en la Biblia, pero no en Génesis 18, sin embargo, pienso que este capítulo contiene toda la evidencia de la amistad de Abraham con Dios.

Abraham es llamado amigo de Dios por primera vez 2 de Crónicas 20. En este pasaje, la nación de Israel es amenazada por enemigos poderosos, los moabitas y los amonitas. La nación está en terrible peligro. Tanto que Josafat se apostó en el templo y clamó: «Dios nuestro, ¿no echaste tú los moradores de esta tierra delante de tu pueblo Israel, y la diste a la descendencia de Abraham tu amigo para siempre?» (v.7).

En el Nuevo Testamento, el apóstol Santiago escribe: «Y se cumplió la Escritura que dice: Abraham creyó a Dios, y le fue contado por justicia, y fue llamado amigo de Dios» (Santiago 2:23).

Pero el versículo más poderoso y profundo que habla de Abraham como amigo de Dios es Isaías 41:8, donde Dios mismo declara:

> Pero tú, Israel, siervo mío eres;
> tú, Jacob, a quien yo escogí,
> descendencia de Abraham mi amigo.

¿Desea usted que Dios le llame «mi amigo»?

Dios nos conoce mejor que nosotros a nosotros mismos

La historia de Génesis 18 tiene lugar muy pronto, probablemente días o semanas, después de los eventos de Génesis 17. En obediencia a Dios, Abraham había circuncidado a todos los hombres y jóvenes de su casa, incluyendo los siervos. Luego, el Señor fue al campamento de Abraham en la forma de tres visitantes.

> Después le apareció Jehová en el encinar de Mamre, estando él sentado a la puerta de su tienda en el calor del día. Y alzó sus ojos y miró, y he aquí tres varones que estaban junto a él; y cuando los vio, salió corriendo de la puerta de su tienda a recibirlos, y se postró en tierra, y dijo: Señor, si ahora he hallado gracia en tus ojos, te ruego que no pases de tu siervo. Que se traiga ahora un poco de agua, y lavad vuestros pies; y recostaos debajo de un árbol, y traeré un bocado de pan, y sustentad vuestro corazón, y después pasaréis; pues por eso habéis pasado cerca de vuestro siervo. Y ellos dijeron: Haz así como has dicho. Entonces Abraham fue de prisa a la tienda a Sara, y le dijo: Toma pronto tres medidas de flor de harina, y amasa y haz panes cocidos debajo del rescoldo. Y corrió Abraham a las vacas, y tomó un becerro tierno y bueno, y lo dio al criado, y éste se dio prisa a prepararlo. Tomó también mantequilla y leche, y el becerro que había preparado, y lo puso delante de ellos; y él se estuvo con ellos debajo del árbol, y comieron. (Gn. 18:1-8)

Mientras Abraham estaba sentado a la entrada de su tienda, vio al Señor en la forma de tres hombres. Dios no apareció a Abraham en un sueño. Él no se materializó ante Abraham como El Shaddai. En lugar de esto, Abraham ve la preencarnación de Cristo. Al instante Abraham sabe que aquellos no son tres visitantes ordinarios. En un acto de alabanza, Abraham se inclina a los pies del Cristo preencarnado y dice: «Señor, si ahora he hallado gracia en tus ojos, te ruego que no pases de tu siervo… traeré un bocado de pan».

Aquí vemos cuanto ansiaba Abraham el compañerismo de Dios. Nótese cómo se apresura a encontrarse con los tres visitantes. Se inclina y adora, luego inmediatamente corre para proveer la mejor comida y confortar a sus visitantes. Adoración y ofrenda de sacrificio son los dos lados de la moneda. Abraham no solo puso en marcha la adoración al Señor, sino que sacrificó y sirvió al Señor, y lo trató como un invitado de honor.

Aun desde la primera aparición de Dios a Abraham en Ur de los caldeos, él ya era amigo de Dios. Dios le dijo a Abraham que dejara su país, su familia, toda cosa familiar para él, y que fuera a una tierra no conocida, una tierra que Dios le mostraría y le daría. Desde ese momento, Dios no privó a Abraham de su amistad y compañerismo. Dios caminó con Abraham.

Ahora el Señor aparece a Abraham en forma humana y se sienta con él. Él llega como invitado y comparte comida con Abraham. Qué bella postal de amistad.

Piense en todas las veces que Abraham se había alejado de su amistad con el Señor. ¿Recuerda cómo se desmoronaba en Egipto y mintió y engañó a Faraón? ¿Recuerda cómo intentó apresurar los planes de Dios teniendo un hijo con la esclava de Sara? De hecho, Dios no dejó que aquellas traiciones lo detuvieran en perseguir una amistad con Abraham.

Si usted quiere apartarse de Dios, por favor sepa esto acerca de la autoridad de su Palabra: Él está ansioso y listo para restaurar su amistad con usted. Él quiere profundizar su amistad. Está esperándolo para estar en comunicación y amistad cercana con Él.

El hecho es que los amigos conversan unos con otros; comparten pensamientos, pasan tiempo juntos, disfrutan la compañía mutua y son confidentes unos con otros. Esto es verdad aun cuando aquel amigo es Dios y el otro tan solo un ser humano.

Muchas personas buscan una amistad con Dios, pero ellos no quieren ser sinceros con Él. No están dispuestos a confesar sus pecados, debilidades y necesidades. Intentan ocultarle una parte de ellos mismos. Pero Dios es el mejor tipo de amigo que jamás pudiera uno haber tenido. Es el Dios que escucha nuestras confesiones, quien tiene compasión de nuestras fallas y necesidades, quien nos ofrece perdón de nuestros pecados, y en quien podemos confiar para guardar todas nuestras confidencias.

Hace años, la revista *Psychology Today* condujo una encuesta entre 40 000 lectores. La encuesta preguntaba qué es lo que más apreciaban de la amistad. La respuesta seguro lo sorprenderá. Los encuestados nombraron la quinta cualidad más importante en una amistad a la honestidad y la franqueza (73 %). La cuarta más importante fue el apoyo (75 %). La tercera fue la amabilidad y el afecto (82 %). La segunda cualidad más importante fue la lealtad (88 %). Y la cualidad primordial en toda amistad fue la habilidad para mantener la confidencialidad (89 % de los encuestados).[2]

Dios es un amigo que guarda las confidencias. Él es leal, amoroso, comprensivo y honesto. Dios tiene todas las cualidades que usted está buscando en un amigo. Sobre todo, Dios nos conoce mejor que nosotros a nosotros mismos, como lo evidencian los siguientes pocos versículos en Génesis 18:

> Y le dijeron: ¿Dónde está Sara tu mujer? Y él respondió: Aquí en la tienda. Entonces dijo: De cierto volveré a ti; y según el tiempo de la vida, he aquí que Sara tu mujer tendrá un hijo. Y Sara escuchaba a la puerta de la tienda, que estaba detrás de él. Y Abraham y Sara eran viejos, de edad avanzada; y a Sara le había cesado ya la costumbre de las mujeres. Se rió, pues, Sara entre sí, diciendo: ¿Después que he envejecido tendré deleite, siendo también mi señor ya viejo? Entonces Jehová dijo a Abraham: ¿Por qué se ha reído Sara diciendo: ¿Será cierto que he de dar a luz siendo ya vieja? ¿Hay para

> Dios alguna cosa difícil? Al tiempo señalado volveré a ti, y según el tiempo de la vida, Sara tendrá un hijo. Entonces Sara negó, diciendo: No me reí; porque tuvo miedo. Y él dijo: No es así, sino que te has reído. (vv. 9-15)

Dios conocía a Abraham y Sara por completo. Ellos no podrían ocultar nada de Él. Era inútil mentirle a Él.

¿Hay algo verdaderamente difícil para el Señor?

Cuando los tres visitantes llegaron, y Abraham pidió a Sara preparar comida para ellos, ella respondió en unidad cortés a su esposo. Ella buscó el honor del Señor. No sorprende el por qué el apóstol Pedro alaba a Sara como un ejemplo de fe piadosa:

> Porque así también se ataviaban en otro tiempo aquellas santas mujeres que esperaban en Dios, estando sujetas a sus maridos; como Sara obedecía a Abraham, llamándole señor; de la cual vosotras habéis venido a ser hijas, si hacéis el bien, sin temer ninguna amenaza. (1 P. 3:5-6)

Ciertamente, Sara fue más allá de la perfección. Pero fue una mujer de fe y carácter. Nótese que el Señor la llama por su nombre: «¿Dónde está tu esposa Sara?». No debemos tomar esto a la ligera. Dios nos conoce por nombre mejor que nadie. Él no dice: «Oye, tú, el de allá». Sino que nos llama por nombre. En los evangelios, Jesús llamó a Natanael por nombre para ser su discípulo. Llamó a Zaqueo, un recaudador de impuestos, por su nombre y le dijo que bajara del árbol. Llamó a Saulo de Tarso por su nombre en el camino a Damasco. Y Él lo llamó a usted por su nombre para ser su seguidor. Él conoce su nombre, y lo ama por su nombre.

En Génesis 18:10, Dios repite su promesa de un hijo que nacerá de Sara: «De cierto volveré a ti; y según el tiempo de la vida, he aquí que Sara tu mujer tendrá un hijo». Podría usted preguntar por qué Dios repite esta promesa aquí, la misma promesa que dio a Abraham en Génesis 17:21: «Mas yo estableceré mi pacto con Isaac, el que Sara te dará a luz por este tiempo el año que viene». Otra vez, Dios no desperdicia palabras. La razón de que el Señor repita esta promesa es que Sara no estaba presente cuando Él habló acerca de esto en Génesis 17. Por tanto, lo repite en Génesis 18 de modo que ella pueda escuchar la promesa con sus propios oídos.

¿Acaso no le había hablado Abraham a Sara acerca de la promesa después de que Dios se la dio en Génesis 17? No, no lo hizo. ¿Cómo lo sabemos? Sabemos que Abraham no se la dijo por lo que ocurre en Génesis 18. Sara estaba escuchando a escondidas desde un lado de la carpa (y el Señor, por supuesto, supo que ella estaba escondida allí). El Señor repitió su promesa para asegurarse de que Sara la escuchara. Cuando ella escuchó que el Señor dijo que ella podría tener un bebé dentro de un año, se impresionó y se sobresaltó de modo que prácticamente se rió a carcajadas. Si Abraham hubiera hablado con Sara sobre lo que Dios le había dicho en Génesis 17, Sara no podría haberse puesto como se puso. (Tal vez Abraham se guardó para sí mismo la promesa del Señor porque no pensaba que el viejo corazón de Sara ¡pudiera mantenerse ecuánime!).

¿No refleja esto a nuestro Dios? Él hizo un viaje especial hasta el campamento de Abraham porque quería personalmente decirle a Sara las noticias. En el versículo 12, Sara piensa: *¿Después que he envejecido tendré deleite, siendo también mi señor ya viejo?* Ella no podía comprender cómo una mujer de noventa años puede tener un bebé.

Desde un punto de vista humano, su reacción es entendible. ¡No es de extrañar que Abraham fuera renuente en decírselo! Él es un hombre de noventa y nueve años mirando a su esposa de noventa, imaginando cómo podría inquietarla una noticia como esta: «Terroncito de azúcar, sabes, mmm, vamos a tener un bebé. Así es. Vas a quedar embarazada, vas a tener náuseas matutinas, a ganar tamaño, y a traer al mundo al bebé de la forma usual. No, cielo mío, no estoy loco. Dios mismo me lo dijo». Después de ensayar su discurso unos pocos minutos, Abraham tomó el camino de los cobardes y mejor no dijo nada.

Por tanto, Dios hizo el camino de retorno para visitar y repetir su promesa a Abraham y sabía que Sara estaba escondida en las sombras, escuchando sin ser vista. Ella escucho algo, y se rio.

Resulta interesante que el Señor no le preguntara por qué se había reído. En lugar de eso, le preguntó a Abraham: «¿Por qué se ha reído Sara?». Y tengo una teoría (que no tiene ninguna autoridad como la de la Escritura, pero es lo que creo) respecto de cuando el Señor dijo: «¿Por qué se ha reído Sara?», era una reprensión hacia Abraham. Indirectamente el Señor estaba diciendo: ¿Por qué Sara se sorprendió de mis noticias? ¿Por qué no le has dicho acerca de mi promesa?

El Señor rápidamente agregó, en uno de mis versículos favoritos de la Biblia: «¿Hay para Dios alguna cosa difícil?». Es una pregunta retórica, una pregunta cuya respuesta está implícita: ¡no, nada es imposible para el Señor!

He visto muchos cristianos quienes parecen haber perdido la fe en el poder de Dios. Piensan que tal vez algunos problemas y desafíos son imposibles para Él. La guerra cultural en contra del cristianismo en nuestra sociedad: ¡imposible para Dios! La batalla en contra del aborto: ¡imposible para el Señor! Mis problemas financieros: ¡imposibles para el Señor! Problemas en mi matrimonio: ¡imposibles para Dios! Veo a cristianos dándole vueltas y vueltas a sus confusiones, sin esperanza y derrotados. Es como si estuvieran bautizados en vinagre y destetados con jugo de limón. Necesitamos recordarnos a nosotros mismos la promesa de Dios. ¿Hay algo imposible para el Señor? ¡No!

Creo que muchos de nosotros pensamos que algunas cosas son imposibles para el Señor porque no hemos estado orando acerca de ello o no hemos estado orando con los motivos correctos. El apóstol Santiago dice: «Pedís, y no recibís, porque pedís mal, para gastar en vuestros deleites» (Santiago 4:3). Dejemos de culpar al Señor por nuestras fallas al orar con motivos correctos.

¿Hay algo imposible para Dios? ¡No! Resuena esta afirmación por toda la Escritura. En Números 11:23, Dios cuestiona a Moisés acerca de si el poder de Dios es limitado: ¡No! En Jeremías 32:17 el profeta ve al Señor y dice: ¡Oh Señor Jehová! he aquí que tú hiciste el cielo y la tierra con tu gran poder, y con tu brazo extendido, ni hay nada que sea difícil para ti».

En Lucas 1, el ángel Gabriel le dice a María que ella va a tener un hijo, y María pregunta cómo será esto posible pues ella es virgen. El ángel dice: «La palabra de Dios nunca dejará de cumplirse» (NTV). En otras palabras: nada es imposible para el Señor.

Si de manera honesta, intensa y auténtica creemos estas palabras, podríamos tener iglesias llenas hasta el techo, no solamente los domingos por la mañana, sino también durante las reuniones de oración a media semana y en cualquier otro momento que las puertas de las iglesias estén abiertas. Una fe genuina hace a la iglesia más poderosa, vital y efectiva. La falta de fe encabeza a las iglesias y a los cristianos quienes están espiritualmente sin vida y agobiados por el pecado.

No hay nada de malo con experimentar duda de vez en cuando. Todos atravesamos por tiempos de duda. En Juan 8, Jesús nos da la solución a la duda cuando dice: «Si vosotros permaneciereis en mi palabra, seréis verdaderamente mis discípulos; y conoceréis la verdad, y la verdad os hará libres» (vv. 31-32). En momentos de duda, aférrese a las enseñanzas del Señor, obedezca sus mandamientos y siga sus lineamientos a pesar de sus dudas y preguntas. Si usted abraza sus enseñanzas y continúa viviendo como un discípulo del Señor, conocerá la verdad, y la verdad lo hará libre de sus dudas.

La duda no es un pecado, pero puede llegar a serlo si insistimos en nuestras dudas hasta un punto en el cual se consoliden hasta convertirse en incredulidad, y la incredulidad produce el pecado. Esto es lo que ocurrió con Sara.

El Señor dijo que ella iba a tener un bebé dentro de un año. Ella respondió riéndose, la risa de la incredulidad. Pero su pecado no paró ahí. Un pecado siempre conduce a otro. En este caso, el pecado de la incredulidad derivó en el pecado de mentirle a Dios. El Señor le preguntó a Abraham: «¿Por qué se ha reído Sara?».

Sara mintió y dijo: «No me reí».

Y el Señor respondió: «No es así, sino que te has reído».

Si bien es cierto que hasta este punto Sara experimentó incredulidad e intentó cubrirla con una mentira, fue resultado de este encuentro con el Señor que Sara se convirtiera en una gran mujer de fe. Hebreos 11 declara: «Por la fe también la misma Sara, siendo estéril, recibió fuerza para concebir; y dio a luz aun fuera del tiempo de la edad, porque creyó que era fiel quien lo había prometido» (v. 11).

Después de la risa de Sara, después de su mentira, después de su falta de fe, ella aprendió que la palabra del Señor puede ser confiable, no importa si tarda en llegar, no importa cuán improbable o imposible parezca ser. Unos meses más adelante se concibió una vida y comenzó a crecer en el vientre de Sara, un útero que ella había pensado que estaba muerto e incapaz de concebir a un niño; ella aprendió que nada, absolutamente *nada*, es imposible para Dios.

Finalmente, el día de la bendición llegó. El bebé Isaac estaba por nacer. Sara entró en labor, yo imagino que con cada contracción, sin importar cuán dolorosas, ella alabó a Dios por el milagroso regalo de llegar a ser madre al final de todo.

¡Nada es imposible para Dios!

Cuando Dios dice: «¡Basta!»

En Génesis 18:16-33 vemos una bella fotografía de Abraham caminando con el Señor, en compañerismo y comunión con Él. Pero el versículo clave en este pasaje con relación a la amistad con Dios es el versículo 17: «Y Jehová dijo: ¿Encubriré yo a Abraham lo que voy a hacer [...]?». Como estamos a punto de ver, Dios demostró su amistad con Abraham de una manera explícita y poderosa.

Eran amigos que confiaban el uno en el otro. A pesar de que Dios es Dios y hombre es hombre, Dios confía plenamente en Abraham. Dice: «¿Encubriré yo a Abraham lo que voy a hacer [...]?». Dios no le ocultaría sus planes a su amigo Abraham. Esto es una evidencia que demuestra la profundidad de su amistad. Como el salmista escribe:

> La comunión íntima de Jehová es con los que le temen,
> Y a ellos hará conocer su pacto. (Sal. 25:14)

Y el profeta Amós concuerda:

> Porque no hará nada Jehová el Señor,
> sin que revele su secreto
> a sus siervos los profetas. (Amós 3:7)

En este punto debemos tomar nota de los grandes progresos que Abraham ha hecho en su carácter y madurez espiritual. Lo hemos visto en Egipto, temeroso, mentiroso y confabulador. Lo hemos visto ceder ante la urgencia de Sara de ser padre de un hijo en un intento de apresurar los planes de Dios. Lo hemos visto dispuesto a adaptarse a lo segundo mejor, apresurando a Dios a llevar su plan por medio de Ismael, el hijo de la mujer esclava, en lugar del hijo que Dios había prometido.

Y gracias a Dios que la Biblia nos muestra a Abraham y Sara en «alta definición», porque podemos ver que ellos no son santos de plástico sino seres humanos reales. Ellos pecan, se equivocan, pierden la fe. Son el tipo de seres humanos reales e imperfectos con quienes usted y yo podemos identificarnos.

Las buenas noticias son que el carácter y la fe de Abraham y Sara no son estáticos. Ambos héroes de la fe cambiaron y crecieron y alcanzaron niveles de madurez espiritual. Esto significa que usted y yo podemos cambiar y crecer y madurar en Cristo de la misma manera. Abraham recorrió un largo camino, y nosotros también podemos hacerlo.

Dios está a punto de decirle a su amigo acerca de sus planes para las ciudades malvadas de Sodoma y Gomorra.

> ¿[...] habiendo de ser Abraham una nación grande y fuerte, y habiendo de ser benditas en él todas las naciones de la tierra? Porque yo sé que mandará a sus hijos y a su casa después de sí, que guarden el camino de Jehová, haciendo justicia y juicio, para que haga venir Jehová sobre Abraham lo que ha

> hablado acerca de él. Entonces Jehová le dijo: Por cuanto el clamor contra Sodoma y Gomorra se aumenta más y más, y el pecado de ellos se ha agravado en extremo, descenderé ahora, y veré si han consumado su obra según el clamor que ha venido hasta mí; y si no, lo sabré. (Gn. 18:18-21)

El Señor toma a Abraham como su confidente, como si dijera: «Abraham, amigo mío, hay desastre inminente en el horizonte; y está en tu patio trasero. Las ciudades de Sodoma y Gomorra han venido a ser cloacas de pecado y violencia. La copa de la iniquidad está llena hasta el borde. Mi paciencia se ha agotado, y pronto enviaré y haré caer mi juicio sobre aquellas naciones».

Si Dios estuvo listo para juzgar a Sodoma y a Gomorra por el pecado desenfrenado de aquellas ciudades, ¿cómo podría escapar nuestra civilización del juicio de Dios? Lea el primer capítulo de Romanos y vea si nuestra sociedad no ha caído ya bajo la condenación del justo juicio de Dios. No tengo ninguna duda de que el Señor está diciendo hoy: «Mi paciencia se ha acabado. La nación que una vez me honró, ahora me desprecia. La nación que una vez fue una ciudad sobre una colina, ahora me provoca con sus abominaciones. La nación desde cuyos púlpitos el evangelio resonó alrededor del mundo, ahora predica falsedades. La nación que una vez llevó el evangelio hasta lo último de la tierra, ha venido a centrarse en sí misma y a embriagarse de autoalabanza».

La copa de ira y juicio está lista para derramarse. Estoy convencido de que el juicio de Dios ya ha comenzado. Muchos creyentes están totalmente ajenos a esto. No es demasiado tarde para arrepentirse y regresar; sin embargo, el tiempo se aproxima rápidamente cuando la voluntad de Dios diga: «Hasta aquí», y Él nos deje a las consecuencias de nuestras decisiones.

Abraham estuvo horrorizado de escuchar los planes de Dios. Su sobrino Lot vivía en Sodoma. Si Dios destruía Sodoma, Lot y toda su familia podían morir junto con los malvados. De modo que Abraham intercedió con Dios por aquellos justos que hubiera en Sodoma:

> Y se apartaron de allí los varones, y fueron hacia Sodoma; pero Abraham estaba aún delante de Jehová. Y se acercó Abraham y dijo: ¿Destruirás también al justo con el impío? Quizá haya cincuenta justos dentro de la ciudad: ¿destruirás también y no perdonarás al lugar por amor a los cincuenta justos que estén dentro de él? Lejos de ti el hacer tal, que hagas morir al justo con el impío, y que sea el justo tratado como el impío; nunca tal hagas. El Juez de toda la tierra, ¿no ha de hacer lo que es justo? Entonces respondió Jehová: Si hallare en Sodoma cincuenta justos dentro de la ciudad, perdonaré a todo este lugar por amor a ellos. Y Abraham replicó y dijo: He aquí ahora que he comenzado a hablar a mi Señor, aunque soy polvo y ceniza. Quizá faltarán de cincuenta justos cinco; ¿destruirás por aquellos cinco toda la ciudad? Y dijo: No la destruiré, si hallare allí cuarenta y cinco. Y volvió a hablarle, y dijo: Quizá se hallarán allí cuarenta. Y respondió: No lo haré por amor a los cuarenta. Y dijo: No se enoje ahora mi Señor, si hablare: quizá se hallarán allí treinta. Y respondió: No lo haré si hallare allí treinta. Y dijo: He aquí ahora que he emprendido el hablar a mi Señor: quizá se hallarán allí veinte. No la destruiré, respondió, por amor a los veinte. Y volvió a decir: No se enoje ahora mi Señor, si hablare solamente una vez: quizá se hallarán allí diez. No la destruiré, respondió, por amor a los diez. Y Jehová se fue, luego que acabó de hablar a Abraham; y Abraham volvió a su lugar. (vv. 22-33)

Abraham está profundamente preocupado por su sobrino Lot, quien está perdido en la «ciudad de pecado» que era Sodoma. Cuando Abraham escuchó el plan de Dios de juzgar y destruir Sodoma, su primer pensamiento fue el de interceder por los miembros irredentos de su familia, comenzando con Lot.

Negociar con Dios

¿Cuándo fue la última vez que realmente usted se aferró a las promesas de Dios? No nada más por un día o una semana, por meses o años. ¿Cuándo fue la última vez que se asió a sus promesas con todas sus fuerzas sin dejarlas ir?

Podría decir: «Bueno, oré por un momento. Tal vez no oré muy alineado a la voluntad de Dios. Tal vez esa es la razón por la que mi oración no fue contestada». Quizá. Pero, por otro lado, tal vez usted se dio por vencido demasiado pronto. Voy a echarme la soga al cuello y decirle que si usted está orando las promesas de Dios conforme a su Palabra, Él contestará esa oración.

Esa es una buena razón por la que es una buena idea orar con una Biblia abierta. Tome una de las promesas de Dios y llévela de vuelta a Él. Asegúrese de no sacar un versículo fuera de contexto. Asegúrese de estar orando una genuina promesa de Dios y no meramente sus propios deseos proyectados sobre las Escrituras. Si usted está auténticamente reclamando una de las promesas de Dios, que Él nos ha dado en su Palabra, creo que sí contestará su oración.

Por ejemplo, 1 Corintios 7:14 dice que un esposo no creyente es «santificado» por la esposa creyente y que los hijos son «santificados» por los padres creyentes. *Santificar* no significa salvar. Su fe en Cristo no puede salvar a su cónyuge ni a sus hijos. *Santificar* significa poner aparte. Su fe en Cristo abre una puerta en su familia a través de la cual Cristo puede obrar. Como testigo a los miembros inconversos de su familia y al orar por ellos, Dios obra en sus vidas de poderosas maneras. Sin embargo, deben creer en Cristo individualmente por gracia por medio de la fe, pero sus oraciones ayudan a abrir sus corazones para recibir la bendición de Dios.

Si usted quiere saber el nivel de su madurez espiritual, piense en cuánto tiempo invierte en oración e intercesión por un miembro perdido de su familia, o de un vecino, por un alumno o profesor perdido. ¿Está usted contendiendo en oración para que Dios intervenga en sus corazones?

Piense acerca de la negociación entre Dios y Abraham con relación a la ciudad de Sodoma. «Y se acercó Abraham y dijo: ¿Destruirás también al justo con el impío? Quizá haya cincuenta justos dentro de la ciudad».

Dijo Dios: «Si hallare en Sodoma cincuenta justos dentro de la ciudad, perdonaré a todo este lugar por amor a ellos».

Y Abraham continuó: «Quizá se hallarán allí cuarenta y cinco, quizá se hallarán allí treinta, veinte». Y volvió a decir: «Quizá se hallarán allí diez».

Y Dios respondió: «No la destruiré por amor a los diez».

Esto podría sonar a una subasta, pero así es la cultura del Medio Oriente. Esa es precisamente la manera en que las cosas se hacen allá, aun hoy. Usted regatea y negocia por cada cosa. Eso es lo que hizo Abraham.

Dios convino que aun si había allí diez justos en Sodoma, Él podría perdonar a la ciudad. Supongo que Abraham esperaba con ansias que hubiera diez justos en la ciudad. No se atrevió a seguir negociando.

¡Qué lástima! No hubo ni aun diez justos en Sodoma. Pero debido a su amistad con Dios, Abraham pudo resueltamente pedirle que perdonara la vida de su sobrino Lot y su familia, y Dios respondió esa oración. Abraham tenía un amigo en los lugares altos, y usted también. La obediencia a la fe hace a Dios nuestro amigo.

Olvidamos con facilidad que Dios nos conoce por nombre, nos llama por nombre, nos ama por nombre, y nos cuida por nombre. Entramos en problemas cuando olvidamos la amistad de Dios con nosotros y la profundidad de su amor. Dejamos de depender de Él y de su amor cuando olvidamos que cuida de nosotros en un profundo sentido individual y personal. Sí, verdaderamente nos ama por nombre.

Si no está experimentando una amistad con Dios en este momento, no es por una reticencia de parte de Dios. Él quiere tener una amistad con usted. El problema es que usted ha permitido que el pecado, una persona, un hábito o alguna actitud se interponga entre usted y Dios. No importa dónde ha estado, o qué ha hecho, o cuánto le ha fallado a Él, usted puede ser amigo de Dios hoy.

Él quiere ser su amigo. ¿Usted quiere ser el suyo?

Los dolores de parto de la historia

¿Existen paralelos entre la Sodoma de los días de Abraham y nuestras naciones en el siglo XXI? ¿Piensa que Dios mira a nuestra sociedad y dice: «El clamor en contra de la civilización es tan grande y su pecado tan grave que bajaré y miraré»? Si Dios fuera a buscar en nuestra sociedad, incluyendo nuestras iglesias y hogares, ¿qué encontraría? ¿Y cómo podría responder?

Hay tres cosas que el Señor siempre hace antes de retirar su mano de bendición de sobre una nación.

Primero, Él hace una investigación. Indaga sobre los hechos sustanciales para ver si el pecado del pueblo es tan malo como lo que aparenta. Mira la condición moral del pueblo y de sus líderes, incluyendo su liderazgo espiritual.

Segundo, Él mismo se hace accesible. Usted puede orar a Dios en cualquier tiempo y lugar, puede en arrepentirse y buscar su perdón. Puede interceder por otros ante Dios. Él es accesible. Isaías 55:6 dice: «Buscad a Jehová mientras puede ser hallado, llamadle en tanto que está cercano».

Tercero, no importa cuán pocos sean en número, los justos siempre marcarán la diferencia. «Ustedes son la sal de la tierra», dice el Señor en el Sermón del Monte. «Ustedes son la luz del mundo».[3] La sal es un conservante. La luz ilumina. Como la sal, nosotros preservamos nuestra sociedad en contra tanto del decaimiento moral como de la súbita destrucción del juicio de Dios. Pero solo podemos preservar a nuestra sociedad siempre y cuando seamos sabor de Cristo en nuestro mundo. Si perdemos nuestro sabor, si ya no representamos más a Cristo frente al mundo, entonces no pasará mucho tiempo antes de que caiga el juicio de Dios.

Somos la luz también. La luz hace visibles la realidad y la verdad. Brilla sobre nosotros, resalta nuestras imperfecciones y deformidades, nuestros pecados y fallas.

¿Cuántos cristianos toman esto de ser sal y luz, preservando e iluminando nuestra cultura, nuestra nación, y nuestros vecindarios con el poder penetrante de la verdad de Dios? No muchos. No se equivoque con la noción de que debemos ser grandes en número para que Dios nos use. Diez personas piadosas podrían haber salvado Sodoma. Jesús dijo: «Porque donde están dos o tres congregados en mi nombre, allí estoy yo en medio de ellos». No muchos cristianos asumen esto de ser sal y luz a nuestra sociedad; pero sí nos toca a usted y a mí.

Cada día vemos con nuestros propios ojos aquello que Jesús llamó «principio de dolores»[4] de la historia. Estamos ante el surgimiento de falsos maestros, falsos mesías y doctrinas de demonios que engañan a muchos. Escuchamos de guerras y rumores de guerras, naciones que se levantan contra otras naciones, y reinos contra reinos. Vemos hambrunas y terremotos y otros desastres naturales. Líderes de iglesias que apostatan de la fe. Vemos incremento de la maldad, aumento de la división y el odio, y el enfriamiento del amor de muchos. «Y todas estas cosas —dijo Jesús—, serán principio de dolores». Simplemente son el comienzo. Las condiciones en el mundo y nuestra nación empeorarán. Los dolores de labor de parto están listos a aparecer en pequeños y frecuentes intervalos y con mayor intensidad. ¿Nos paralizará el temor o estamos listos para enfrentar el futuro? Jesús nos dijo que cuando veamos esas señales: «Cuando estas cosas comiencen a suceder, erguíos y levantad vuestra cabeza, porque vuestra redención está cerca» (Lucas 21:28).

Mientras miramos el pecado y la violencia que sacuden los fundamentos de nuestra nación, ¿perdemos las esperanzas o levantamos nuestras cabezas? ¿Estamos orando, siendo testigos y amando a tantas personas en el reino de Dios como podemos, o estamos, como Lot, perdidos en la «ciudad del pecado», cómodos y a gusto en ella?

¿Somos sal? ¿Somos luz?

9

El nacimiento de la risa

En 1964, el periodista Norman Cousins fue diagnosticado con una enfermedad autoinmune discapacitante, y su doctor le dijo que tenía una oportunidad entre quinientas de recuperarse. Conocido como uno de los líderes mundiales más optimistas, Cousins rechazó aceptar esos pronósticos deprimentes. Él había abrazado la creencia de que nuestras emociones tienen un gran impacto en nuestra salud y en nuestra habilidad para combatir enfermedades. Ahora él tenía una oportunidad para probar su teoría.

Trabajando de forma cercana con sus doctores, hizo todo lo que le dijeron que hiciera en términos de dieta y medicinas. Adicionalmente a sus tratamientos médicos, comenzó a tratar sus padecimientos con la risa. Esto fue antes del video en línea, o de los DVD y aun de las cintas VHS, tanto que Norman Cousins compró un proyector de películas de 16 mm y comenzó a ver todos los filmes de comedia que podía encontrar en la librería. Sus favoritos eran repeticiones del programa de televisión *Cámara*

Cándida o viejas películas de Marx Brothers. Aquellos filmes lo llevaron a lo que él llamó «carcajadas».

Cousins más tarde escribió que había hecho un sorprendente descubrimiento: «Diez minutos de sólidas carcajadas pueden darme dos horas de sueño libres de dolor. Desde mis padecimientos que involucran severa inflamación de la columna vertebral y las articulaciones, lo que hacen muy doloroso aun acomodarme en la cama, la valiosa práctica de la risa llegó a ser una forma muy significativa de tratamiento».[1]

Aun cuando no era doctor o investigador entrenado formalmente, Cousins publicó sus hallazgos personales acerca de la risa y la salud en el New England Journal of Medicine, así como en el libro de mayor venta *Anatomy of an Illness as Perceived by the Patient* [Anatomía de una enfermedad y cómo la percibe el paciente]. Norman Cousins fue un pionero en el estudio de las relaciones entre la risa y la salud.

Después de que Cousins abrió la puerta hacia este campo de estudio, investigadores dirigieron muchos estudios revisados por otros especialistas que mostraron que la risa produce muchos beneficios saludables. Incluyendo la estimulación del sistema inmune, detrimento de las hormonas dañinas del estrés, incremento de la tolerancia al dolor, baja la presión arterial, baja el colesterol malo (LDL) y eleva el colesterol bueno (HDL). Investigadores aun encontraron que la risa jubilosa promueve cambios en los niveles de leptina en la sangre (una hormona para el balance de energía) y de grelina (hormona que regula el apetito), por tanto, en la actualidad la risa imita los efectos de una rutina de entrenamiento.[2]

Dios diseñó estas funciones sanadoras del cuerpo humano, y Él nos habla de ellas en su Palabra. Hace tres mil años, Salomón escribió acerca de la sabiduría sanadora de Dios en Proverbios 17:22:

El corazón alegre constituye buen remedio;
Mas el espíritu triste seca los huesos.

Risa y gozo deberían ser partes importantes de la vida cristiana. El salmista escribió que la risa y el gozo testifican al mundo de que Dios está activo en nuestras vidas, nos protege y nos da la victoria:

Cuando Jehová hiciere volver la cautividad de Sion,
Seremos como los que sueñan.
Entonces nuestra boca se llenará de risa,
Y nuestra lengua de alabanza;
Entonces dirán entre las naciones:
Grandes cosas ha hecho Jehová con éstos.
Grandes cosas ha hecho Jehová con nosotros;
Estaremos alegres.
Haz volver nuestra cautividad, oh Jehová,
Como los arroyos del Neguev.
Los que sembraron con lágrimas, con regocijo segarán.
Irá andando y llorando el que lleva la preciosa semilla;
Mas volverá a venir con regocijo, trayendo sus gavillas.
(Sal. 126)

Aquellos quienes tienen mayores razones para estar gozosos en toda circunstancia, son quienes han puesto su confianza en el Señor Jesucristo. ¿Por qué, entonces, no estamos más gozosos? Pienso que en parte la razón es que nos tomamos a nosotros mismos demasiado en serio.

Una ocasión, un escritor me entrevistó por teléfono para un artículo en una revista de liderazgo para pastores. Él dijo: «¿Tienes algo que decir para los jóvenes pastores?».

«Sí —le dije—, este es mi profundo consejo teológico para jóvenes pastores: toma tu llamado con mucha seriedad, pero no te tomes tan en serio a ti mismo».

Experimento mucho gozo en mi ministerio como pastor, y creo que una razón para este gozo es que frecuentemente me río de mí mismo. Algunas veces estoy parado en el púlpito, y simplemente no puedo evitar reírme. La audiencia me mira desconcertada porque soy el único que se ríe. Se preguntan: ¿De qué se ríe? Respuesta: Me estoy riendo de mí mismo.

¿Sabía usted que Dios ríe? Cuatro pasajes en el Antiguo Testamento hablan de la risa de Dios: Salmos 2:4; 37:13; 59:8 y Proverbios 1:26. Y la risa de Dios es siempre provocada por la locura y la arrogancia de la maldad. Dios observa a los que se oponen a Él y le parece divertido. Nosotros, junto con Él, tenemos todo el derecho de reírnos de la estupidez de la maldad.

Comunicadores de risa y gozo

En Génesis 21 venimos a la historia del nacimiento de la risa. En los versículos 1 al 7 de este pasaje, vemos a Abraham alcanzar la culminación de contar estrellas año tras año, cuando no podía ver ninguna.

> Visitó Jehová a Sara, como había dicho, e hizo Jehová con Sara como había hablado. Y Sara concibió y dio a Abraham un hijo en su vejez, en el tiempo que Dios le había dicho. Y llamó Abraham el nombre de su hijo que le nació, que le dio a luz Sara, Isaac. Y circuncidó Abraham a su hijo Isaac de ocho días, como Dios le había mandado. Y era Abraham de cien años cuando nació Isaac su hijo. Entonces dijo Sara: Dios me ha hecho reír, y cualquiera que lo oyere, se reirá conmigo. Y

> añadió: ¿Quién dijera a Abraham que Sara habría de dar de mamar a hijos? Pues le he dado un hijo en su vejez.

Finalmente, después de toda aquella desolación, años de desesperanza contando estrellas sin ver ninguna, Abraham ha recibido su primera estrella. En el desierto del antiguo Medio Oriente, usted podría levantar la mirada al cielo nocturno y ver las estrellas con deslumbrante claridad. Dios le prometió a Abraham que el número de las estrellas que pudiera contar en el cielo de la noche podría ser vastamente excedido por el número de sus descendientes. Abraham no lo entendió en ese momento, pero Dios estaba hablando de descendencia *espiritual*, quienes no precisamente nacerían por medio de un proceso de nacimiento biológico, sino que podían *nacer de nuevo* por gracia por medio de la fe en Jesucristo.

Estoy seguro de que todas las veces que Abraham miraba el cielo en una noche despejada, él pensaba en esa promesa. Tal vez él realmente intentó contar las estrellas del cielo nocturno. «Una, dos tres, cuatro… espera, ¿conté una dos veces? Comenzaré de nuevo». Aun si contara durante décadas, jamás podría estar seguro del número de ellas.

Al fin, cuando él tenía cien años y Sara noventa, Dios les dio la Estrella Número Uno. ¿Qué nombre le pusieron? Isaac. ¿Y qué significa *Isaac* en lengua hebrea? Risa.

La misericordia de nuestro Dios es sorprendente. Tomó la risa de incredulidad de Sara y la transformó en risa de gozo. Él transforma la risa de la incredulidad y la convierte en risa de lo indescriptible. Transforma la risa del sarcasmo en risa de salvación. ¡A qué gran Dios alabamos! ¡Qué poderoso Dios tenemos!

Dios trae risa no únicamente a Sara, sino a generaciones y generaciones por venir, quienes leerían la historia de Sara y se reirían.

¿Cuál fue la razón del gozo y la risa de Sara y Abraham cuando nació Isaac? Creo que el gozo de tener un bebé fue secundario a la alegría de sentir su vida en el Señor. Para el creyente, el gozo viene de vivir día tras día con una perspectiva eterna, la perspectiva de Dios. Esto es lo que distingue a los cristianos de la sociedad secular. La gente de este mundo está enfocada en su vida, en lo que ocurre en las noticias o en terrenos de la economía, del gobierno o de la política.

Un sondeo del Pew Research Center de 2017 mostró que la polarización política ha venido a ser más extrema en los Estados Unidos más que en otros tiempos desde la Guerra Civil.[3] Recuerdo un tiempo, hace décadas, cuando un presidente republicano y un portavoz demócrata podían juntos hablar y, al final del día, socializar, intercambiar historias y coincidir en acuerdos por el bien de la gente. Hoy, no hay un punto medio entre partidos, no hay compromiso ni civilidad. Unos a otros se injurian y amenazan en medios sociales. No hay intercambio de puntos de vista, no se prestan atención ni aprenden unos de otros, simplemente insultos y odio.

¿Por qué? Sin duda, hay muchas razones, pero pienso que una razón de nuestra polarización política hoy día es el alejamiento de la fe en los Estados Unidos. La gente solía derivar el significado de las cosas y el sentido proveniente de su caminar diario con Dios. Así como la gente ha venido a ser más secular cada día, así como la iglesia ha declinado su influencia en los Estados Unidos, la gente ya no tiene la fe para darle sentido y propósito a las cosas.

Como resultado, se ha reemplazado el gozo de conocer a Dios con la adrenalina agresiva de atacar y denigrar a sus opositores políticos. Han reemplazado el gozo de conocer a Dios con el orgullo de pensarse a sí mismos como moralmente superiores al de al lado. Como la fe en Dios ha declinado, también lo ha hecho la moralidad y la civilidad. Todo se vale, incluyendo la destrucción de tu oponente político, junto con su reputación y la de su familia. Políticas de destrucción total del adversario, así como ganar a cualquier costo es la nueva religión de muchos norteamericanos y del mundo de hoy.

Creo que los cristianos deben estar informados y envueltos en la política, pero debemos tener cuidado de no dejar que la política robe el trono de Jesús en nuestras vidas. Este mundo está destruido por la ira y el odio, y me rehúso a ser parte de esto. Si nos permitimos a nosotros mismos ser atrapados por los insultos y las tácticas propias de peleas callejeras del mundillo político, no seremos mejor es que los secularistas quienes nos han declarado la guerra. El reino de Dios no es de este mundo, y no debemos dejar que nuestras pasiones políticas tomen el lugar de nuestra pasión por Cristo.

Como cristianos, debemos ser gente cuyas vidas estén caracterizadas por el gozo y la risa justa, sin importar lo que ocurre en nuestra sociedad. Debemos perseguir la justica para el oprimido, el derecho a la vida del no nacido, una sociedad limpia y moral para nuestros niños, y la honestidad de los gobiernos. Por sobre todo, debemos predicar las buenas nuevas de Jesucristo en cada oportunidad; pero no debemos dejarnos atrapar en dimes y diretes partidistas y destrucción personal que destrozan nuestra sociedad.

Dejemos que nuestra santa y alegre risa sea escuchada donde quiera que vayamos. ¡Seamos modelos y comunicadores de alegría!

Gozo a pesar de las circunstancias

Estamos aquí, cuatro mil años después de los eventos en Génesis, y todavía obtenemos aliento de la historia de Abraham y Sara.

Después de cuatro siglos, todavía aprendemos de esta fiel pareja pensamientos importantes acerca de la fidelidad de Dios. No obstante, a sus dudas, su fe parcial, de sus fallas, y de sus intentos por tomar los asuntos en sus propias manos, Dios fue fiel a sus promesas y fiel a Abraham y Sara.

Ellos contaron estrellas cuando no podían ver ninguna, hasta que su primera estrella cayó del cielo a sus brazos. En el proceso, Abraham y Sara aprendieron tres lecciones de vida muy importantes, y nosotros también.

Lección #1: Dios siempre guarda su Palabra

Nunca deje de orar por el cumplimiento de una promesa que Dios le ha hecho en su Palabra. Nunca deje de orar por los miembros no salvos de su familia. Nunca deje de orar por sus hijos; ore mientras tenga vida, aun si no ve la respuesta en su propia vida. Nunca deje de orar porque Dios revele su voluntad a su vida. Nunca deje de orar por sabiduría y dirección para su vida. Si usted está orando las promesas de Dios, Él responderá a esa oración. Dios guarda su Palabra todo el tiempo.

Lección #2: Nuestro Dios es un Dios poderoso

Nada es difícil para Dios. Él es un Dios poderoso. Él es sorprendente. Es el Dios de los imposibles. Cuando menciono que el poder de Dios puede hacer lo que está más allá de lo posible en términos humanos, siempre hay alguien que dice: «Entiendo que la Biblia dice que nada es imposible para Dios. Sé que Dios hizo un milagro para Abraham y Sara. Pero usted no sabe mi situación. Es diferente. Mi problema realmente no tiene solución. La oposición que enfrento es realmente grande. Además, soy tan viejo (o tan joven o tan débil o tan depresivo o tan esto y el otro). Dios no puede resolver mi problema».

¿Estamos hablando del mismo Dios? ¿No es su Dios el mismo que abrió la matriz de una mujer de noventa y nueve años y la hizo madre de un niño de nombre Risa? ¿No es su Dios el mismo quien posibilitó a una virgen para que de ella naciera el Salvador del mundo? Si Abraham y Sara han confiado en el Dios de lo imposible, ¿por qué sirve a un dios de limitaciones?

Por favor entienda, cuando Sara concibió y le llegó la labor de parto y le nació un bebé, fue tan solo el comienzo de un milagro. Dios también permitió que Sara, a la edad de noventa y nueve, tuviera leche en su pecho para amamantar a este niño producto de un milagro. Él la llenó de energía para criar a este bebé, para cuidar de él, estar al pendiente cuando comenzara a caminar y a la llegada de aquella difícil etapa de los «terribles dos años».

¡El milagro no podía detenerse aun en esto! Considere a Abraham con un hijo a los cien años de edad. Por otra parte, su cuerpo fue tan renovado y rejuvenecido por el poder de El Shaddai, Dios Todopoderoso, que fue padre de seis niños más después de que Sara murió. Cuando Dios milagrosamente sana, no es una sanidad parcial. Dios sana de todas formas. Su restauración es completa.

Lección #3: Nuestro Dios no tiene ninguna prisa en cumplir sus promesas

Nosotros siempre somos impacientes, siempre estamos de prisa. Pero no se puede obligar a Dios a actuar apresuradamente. Su sabiduría es perfecta. Su tiempo es impecable; su seguimiento no es tan rápido ni tan lento. «Todo lo hizo hermoso en su tiempo —escribe Salomón—. Y ha puesto eternidad en el corazón de ellos, sin que alcance el hombre a entender la obra que ha hecho Dios desde el principio hasta el fin» (Ec. 3:11).

Uno de los momentos más difíciles que enfrentamos en la vida cristiana es lo que nos parece un retraso de Dios. Aun pensamos que su horario puede ser años o décadas diferente al nuestro, pero el retraso de Dios no significa negación. La Palabra de Dios es verdadera y sus promesas son confiables.

El nacimiento de Isaac. Un presagio

Abraham y Sara estuvieron agradecidos por el nacimiento, después de un aparente retraso de muchos años, Dios les dio un hijo para completar su gozo y cumplir la promesa. Pero Abraham y Sara no pudieron ver la película completa. Ellos no supieron que Dios tenía un plan más amplio y grande que simplemente darle a Abraham un hijo y una línea de muchos descendientes. Sin embargo, las vidas de Abraham y Sara fueron de repente llenas de gozo, Dios tenía un gozo infinitamente más grande en mente, el nacimiento de Isaac fue un eslabón de la cadena de circunstancias que condujeron a ese gozo.

El nacimiento de Isaac fue el presagio de otro nacimiento supernatural que tendría lugar dos mil años después de Isaac: el de Jesús. Esta es la razón de por qué Jesús dijo a los tercos fariseos: «Abraham vuestro padre se gozó de que había de ver mi día; y lo vio, y se gozó» (Juan 8:56). El Señor estuvo hablando acerca de esto muchas veces en la vida de Abraham, cuando él vio a Jesús prefigurado en la vida de Isaac.

Si usted mira de cerca en la vida de Isaac, verá semejanzas a la vida de Jesús en muchos puntos clave. Déjeme sugerir siete similitudes entre el nacimiento de Isaac y el nacimiento de Jesús.

Dios prometió ambos nacimientos

En Génesis 3:15, Dios dijo a la serpiente, cuando Satanás tomó forma de serpiente:

> Y pondré enemistad entre ti y la mujer, y entre tu simiente y la simiente suya; ésta te herirá en la cabeza, y tú le herirás en el calcañar.

Esto es una maldición para la serpiente, pero una bendición para Adán y Eva. La descendencia de la mujer es Jesús, y aunque Satanás podía herir el calcañar (en la cruz), Él podía aplastar la cabeza de Satanás (también en la cruz). Esta fue una promesa que Dios hizo en el jardín del Edén, de que Él enviaría a su Hijo a morir en la cruz, y que además su muerte y resurrección destruirían el poder del pecado y de la muerte. Esta fue la primera promesa de la venida de Jesús, y esta promesa de Dios se afirmó una y otra vez a lo largo de las Escrituras.

Hubo un retraso prolongado entre la promesa y el cumplimiento de la promesa

Desde el tiempo en que Dios habló por primera vez a Abraham en Ur de los caldeos hasta el tiempo que Isaac nació, fue un periodo de cerca de treinta años. Desde el momento que se hizo la promesa del Salvador en el jardín del Edén, hasta el nacimiento de Jesús en Belén, fue un periodo de varios miles de años. En ambos casos, Dios pareció retrasarse; y en ambos casos, el momento de Dios fue el correcto.

La pregunta de cada madre futura se respondió del mismo modo

En Génesis 18:13-14, Sara preguntó: «¿Será cierto que he de dar a luz siendo ya vieja?», y la respuesta del Señor fue: «¿Hay para Dios alguna cosa difícil?». En Lucas 1:34-37, el ángel le dijo a María que le iba a nacer el niño Jesús. María preguntó: «¿Cómo será esto? Pues no conozco varón». El ángel replicó: «Nada hay imposible para Dios», lo cual es otra manera de decir que para el Señor no hay cosa difícil. La respuesta a la pregunta de una mujer de noventa y nueve años fue la misma respuesta a la pregunta de una joven mujer virgen: nada es imposible para Dios.

Los nombres de ambos, Isaac y Jesús, eran simbólicos

Dios proveyó los dos nombres. Antes de que Isaac fuera concebido, Dios le dijo a Abraham que lo llamara Isaac. En Mateo 1:21, Dios le dijo a José en un sueño que María le daría un hijo: «Y llamarás su nombre Jesús, porque él salvará a su pueblo de sus pecados».

Ambos nacimientos tienen lugar en el tiempo señalado

Esta es probablemente la más impresionante similitud de todas. Así como el nacimiento de Isaac, el nacimiento de Jesús tuvo lugar exactamente en el programa de Dios. Ni tarde ni temprano.

Ambos nacimientos fueron un milagro

El nacimiento de Jesús fue un milagro mayor que el nacimiento de Isaac, porque Jesús nació de una virgen y su nacimiento involucró la venida de Dios como ser humano. El nacimiento de Isaac fue la sombra; el de Jesús la realidad. La sombra no es tan grande como la realidad. Isaac fue una personificación que nos señaló la gran realidad por venir: Jesús el Mesías.

Ambos nacimientos fueron razones de gozo

El nacimiento de un niño normalmente trae gozo a la familia; pero el gozo que acompañó el nacimiento de Isaac fue más allá de lo normal. Su nacimiento marcó la larga espera del cumplimiento de la promesa profética de Dios de un hijo. Al final, Abraham podía contar una estrella que él podía ver y sostener en sus brazos. El gozo de Abraham y Sara se extendió más allá del momento del nacimiento de Isaac y continuó de generación en generación.

El gozo inexplicable de María también superó el gozo que normalmente se siente cuando un bebé viene al mundo. Ella dio a luz al Salvador del mundo. Su gozo es también el gozo de usted y el mío. Es el gozo de millones de personas quienes han mirado a ese bebé con ojos de fe y han hallado salvación a través de la fe en el Señor Jesucristo. Esta es la razón por la que María canta el Magnificat, su canto de gozo; y no solo el de ella, sino el gozo de salvación que ella comparte con todos aquellos que ponen su confianza en el hijo de Dios.

> Engrandece mi alma al Señor;
> Y mi espíritu se regocija en Dios mi Salvador.
> Porque ha mirado la bajeza de su sierva;
> Pues he aquí, desde ahora me dirán bienaventurada todas las generaciones.
> Porque me ha hecho grandes cosas el Poderoso;
> Santo es su nombre,
> Y su misericordia es de generación en generación
> A los que le temen.
> Hizo proezas con su brazo;
> Esparció a los soberbios en el pensamiento de sus corazones.
> Quitó de los tronos a los poderosos,
> Y exaltó a los humildes.
> A los hambrientos colmó de bienes,
> Y a los ricos envió vacíos.
> Socorrió a Israel su siervo,
> Acordándose de la misericordia
> De la cual habló a nuestros padres,

> Para con Abraham y su descendencia para siempre.
> (Lucas 1:46-55)

El gozo de María y José no se relacionaba con las circunstancias que los rodeaban. Conforme a las circunstancias, ellos debían haberse sentido miserables, no gozosos. Ellos eran pobres, se alojaron en un establo sucio, su bebé recostado en un comedero de forraje para burros utilizado como cuna. Ellos estaban comprometidos, pero no casados, además María era considerada una marginada social, vista por la comunidad como una joven de comportamiento inmoral. Esto era una ofensa tal que podían haberla apedreado hasta la muerte en aquella sociedad. ¡Aun así María sentía *gozo*! Ella exaltó al Señor.

La salvación que usted y yo hemos recibido se hizo posible gracias a ese bebé en el pesebre de un establo. Fuimos salvados porque ese bebé nació de una virgen y gracias a él usted y yo podemos tener *gozo* a pesar de nuestras circunstancias. Podemos tener *paz* en medio del entorno que nos rodea. Podemos tener contentamiento en medio de los diferentes acontecimientos de nuestras vidas.

Por lo que la pregunta es: ¿Tiene usted gozo o lo ha perdido?

Nacimiento de Isaac y nuevo nacimiento espiritual

Cada ser humano que haya nacido de una mujer necesita experimentar no solo *un* nacimiento sino *dos* nacimientos. El segundo nacimiento es un nuevo nacimiento, y Jesús lo llamó «nacer de nuevo». Así como hay similitudes entre el nacimiento de Isaac y el nacimiento del Señor Jesucristo, creo que hay tres similitudes entre el nacimiento de Isaac y nuestro nuevo nacimiento espiritual.

El nacimiento de Isaac y el nuevo nacimiento espiritual son humanamente imposibles

Los cuerpos de Abraham y Sara, para toda intención y propósito, estaban muertos. Aunque ellos estaban vivos, su sistema reproductivo en su cuerpo estaba muerto. Y esta es una sorprendente analogía. Antes de que nuestros corazones estuvieran regenerados y el Espíritu Santo nos despertara a nuestra necesidad desesperada de salvación, también estábamos vivos, pero muertos. Estábamos biológicamente vivos, pero espiritualmente muertos. No dormidos o en coma, sino muertos en nuestros pecados. No podíamos hacer nada para salvarnos a nosotros mismos. Esto requirió una intervención milagrosa y supernatural de parte de Dios para resucitarnos de nuestra muerte espiritual. No podíamos resucitarnos a nosotros mismos a una nueva vida espiritual, como a una mujer de noventa y nueve años no podía nacerle una nueva vida humana.

A menos que usted nazca de nuevo, no podrá ver el cielo. Este es el meollo del asunto. Usted puede ir a la iglesia toda su vida y aun a un seminario y llegar a ser predicador. Pero si usted no nace de nuevo, no puede ir al cielo. Y créame, hay muchos predicadores en los púlpitos por todo Estados Unidos y alrededor del mundo quienes nunca han nacido de nuevo. Asistir a la iglesia no le salva. Solo el segundo nacimiento pude hacerlo salvo. Si usted recibió a Jesús como Señor y Salvador, y usted ha nacido de nuevo por el Espíritu de Dios, usted ha tenido un nacimiento sobrenatural.

El milagro del nacimiento de Isaac y el nacimiento espiritual sobrenatural, ambos tienen lugar por medio de la fe

La Biblia afirma que Abraham «creyó a Jehová, y le fue contado por justicia» (Gn. 15:6). ¿Qué hizo a Abraham creer? Él creyó en lo que Dios es, y creyó en las promesas que Dios le había hecho, incluyendo la promesa de que él podría tener más descendientes que las estrellas del cielo.

¡Eso es fe! Usted y yo somos resucitados espiritualmente a la vida porque hemos puesto nuestra confianza y fe en Jesús como nuestro Señor y Salvador; y Dios acredita nuestra fe a nosotros como justicia. Esta es la razón de que hemos nacido de nuevo espiritualmente.

Isaac nació y nosotros hemos nacido de nuevo, de lo que solo Dios debe recibir la gloria

En la carta a los Romanos, Pablo escribe:

> El creyó en esperanza contra esperanza, para llegar a ser padre de muchas gentes, conforme a lo que se le había dicho: Así será tu descendencia. Y no se debilitó en la fe al considerar su cuerpo, que estaba ya como muerto (siendo de casi cien años, o la esterilidad de la matriz de Sara. Tampoco dudó, por incredulidad, de la promesa de Dios, sino que se fortaleció en fe, *dando gloria a Dios*, plenamente convencido de que era también poderoso para hacer todo lo que había prometido. (Ro. 4:18-21, énfasis añadido)

El nacimiento de Isaac resultó en gran gloria para Dios. Nuestro segundo nacimiento resulta en gran gloria para Dios. No podemos ser salvos por nuestras propias obras. Si pudiéramos salvarnos a nosotros mismos con buenas obras, entonces podríamos obtener la gloria, no Dios. Es Dios quien hace toda la obra, sea la obra de abrir la matriz de Sara o salvarnos por medio de la muerte de Jesús en la cruz. Como Pablo dice: «Porque por gracia sois salvos por medio de la fe; y esto no de vosotros, pues es don de Dios; no por obras, para que nadie se gloríe» (Ef. 2:2-9)

Salvación, gozo y risa

La historia de Abraham y Sara en Génesis, como la historia del evangelio, fue escrita para que podamos creer. La historia de Abraham nos cuenta que fue la fe de Abraham la que le fue contada por justicia. La historia del evangelio, la historia de Jesús el Mesías, nos dice que es la fe la que nos salva por completo: «Porque de tal manera amó Dios al mundo, que ha dado a su Hijo unigénito, *para que todo aquel que en él cree*, no se pierda, mas tenga vida eterna» (Juan 3:16, énfasis añadido).

Dios nos dice a través de estas historias: «Puse la Biblia en sus manos por esta razón: quiero que nazcan de nuevo. Quiero que ustedes estén a salvo conmigo en el cielo por la eternidad. Quiero que pongan su confianza en mí, vivan por mí, me sirvan, y esparzan mis buenas noticias a cada persona a su alrededor. Quiero que sean como Abraham, quiero que sean mis amigos».

Qué gran Dios es nuestro Dios. Él es El Shaddai, el poderoso Dios. Él es el Dios que siempre mantiene sus promesas. Es el Dios fiel, el Dios que merece toda alabanza y toda la gloria. Es el Dios que llamó «amigo» a Abraham, y es el Dios que busca una amistad con usted y conmigo.

Nos trajo *salvación*. Nos trajo *gozo*. Y alabado sea Dios, nos trajo *risa*.

10

Las estrellas de Abraham

En 2004, un libro lanzó un fenómeno cultural. Ese libro fue *El fin de la fe*, por el neurocientífico Sam Harris. El fenómeno cultural fue llamado «el nuevo ateísmo».

El antiguo ateísmo se contentaba con solo burlarse y criticar a la religión mientras coexistía con la gente religiosa. Los ateos consideran a los cristianos y otras personas religiosas como tontos y supersticiosos, pero esencialmente inofensivos. Pero el viejo ateísmo se terminó después de los ataques terroristas en la ciudad de Nueva York y en Washington, D. C., el 11 de septiembre de 2001.

Como resultado de esos ataques mortales, Sam Harris y sus compañeros nuevos ateos (incluidos el biólogo Richard Dawkins y el periodista Christopher Hitchens) se convencieron de que la religión (todas las religiones, no solo el islam violento) suponen una amenaza para la existencia de la raza humana. Aunque fue el extremismo musulmán el que llevó a cabo los ataques del 9/11, no los bautistas ni episcopales, el Nuevo Ateísmo pareció dirigir su ira mayormente hacia los cristianos. De hecho, la continuación de *El fin de la fe* fue el libro de 2006 llamado *Carta a una nación cristiana*, el cual escribió para «demoler las pretensiones intelectuales y morales del cristianismo en sus formas más comprometidas».[1]

La lógica del odio del nuevo ateo por el cristianismo es difícil de seguir. Los cristianos no estrellan aviones en los edificios por orden de Dios. En el Sermón del Monte, Jesús nos dice: «Bienaventurados los pacificadores, porque ellos serán llamados hijos de Dios», y «Amad a vuestros enemigos, bendecid a los que os maldicen, haced bien a los que os aborrecen, y orad por los que os ultrajan y os persiguen, para que seáis hijos de vuestro Padre que está en los cielos».[2] De modo que, ¿cómo es que los cristianos sean una amenaza para la existencia humana?

Si Sam Harris quisiera prevenir un futuro 9/11, parece lógico que hubiera escrito un libro llamado *Carta a una nación musulmana*. Es el Corán, después de todo, no la Biblia, el que dice: «Voy a sembrar el terror en los corazones de los incrédulos. Por lo tanto, golpéenlos en la cabeza y golpéenlos en cada punta de sus dedos»[3] y «Combatan a aquellos que no creen en Alá».[4]

Aunque los nuevos ateos condenan el terrorismo islámico, condenan severamente igual el cristianismo y el judaísmo, si no es que más. Un nuevo ateo incluso propone el concepto de que el estado debe prohibir que los padres cristianos enseñen su fe a sus hijos, y que los padres que violen esa ley deben perder la custodia de sus hijos.[5] Una ideología que niega la libertad religiosa de la Primera Enmienda no es solo un «nuevo» ateísmo, sino que merece ser llamado ateísmo radical y activista.

Un recuento bíblico del que a los activistas ateos les encanta burlarse es la historia a la que vamos a continuación: el relato del mandato de Dios de sacrificar a su hijo, Isaac. Christopher Hitchens, quien falleció en 2011, criticó la historia de Abraham e Isaac en su *bestseller* de 2007, *dios no es grandioso* (su uso de *dios* en minúscula en vez de *Dios* es deliberado).

> Abraham estuvo de acuerdo en asesinar a su hijo. Preparó la leña, tendió al chico atado sobre ella... y tomó el cuchillo a fin de matar al niño como si fuera un animal. En el último momento su mano fue detenida, da la casualidad que no por dios, sino por un ángel, y fue elogiado desde las nubes por mostrar su fuerte disposición para asesinar a un inocente en expiación por sus propios crímenes. Como recompensa por su lealtad, se le prometió una larga descendencia.[6]

Y Richard Dawkins, en su libro *El espejismo de Dios*, llama a este incidente en la vida de Abraham, «el infame cuento del sacrificio de su hijo Isaac».[7] Resume la historia en sus propias palabras:

> Dios ordenó a Abraham que hiciera en holocausto a su largamente anhelado hijo. Abraham construyó un altar, puso leña en él, y ató a Isaac encima de la madera. Su cuchillo asesino estaba en su mano cuando un ángel dramáticamente intervino con las noticias de un cambio de plan de última hora: después de todo, Dios solo estaba bromeando, «tentando» a Abraham y probando su fe. Un moralista moderno no puede evitar sino preguntarse cómo un niño podrá recobrarse alguna vez de tal trauma psicológico. Bajo los estándares de la moralidad moderna, esta vergonzosa historia es simultáneamente un ejemplo de abuso infantil, *bullying* en dos relaciones asimétricas de poder, y el primer registro de la defensa de Núremberg: «Solo estaba obedeciendo órdenes». No obstante, la leyenda es uno de los mitos fundamentales

> de las tres religiones monoteístas... los apologistas incluso buscan rescatar algo de decencia para el carácter de Dios en este cuento deplorable. ¿No fue bueno Dios al perdonar la vida de Isaac en el último minuto?[8]

Estos autores nuevos ateos no citan el relato bíblico, sino que prefieren volver a contarlo en una forma distorsionada. En el proceso, han perdido el significado y la majestad de esta historia, y por eso es que fracasan en comprender porqué ha perdurado por miles de años como un ejemplo de fe en el Dios viviente.

Un doctorado en la Universidad de la Fe

Cuando mis hijos estaban creciendo, no les gustaba ver televisión conmigo, porque después de ver un programa por diez minutos, ya sabía el final. Decía: «Ese hombre sin duda es el criminal» o «Esos dos van a terminar en el altar». Los guiones de televisión tienden a seguir un formato predecible, porque los guionistas saben que a los espectadores les gustan cierta clase de finales.

Pero la realidad nunca es tan fácil de predecir, especialmente cuando Dios está involucrado en la historia. El relato de Génesis de la vida de Abraham parece ser cierto a pesar de la naturaleza milagrosa de los acontecimientos. Si usted fuera a convertir esta historia en un programa de televisión, el lugar lógico para terminar la historia sería Génesis 21, el nacimiento de Isaac. La línea histórica sería esta: Abraham es llamado por Dios, obedece y luego falla, obedece y luego falla, hasta que Isaac, el hijo de la promesa, nace. La música aumenta de volumen, se desvanece hasta desaparecer. El fin.

La historia de Abraham, no obstante, no termina así. Da un giro inesperado. Después de años de esperar en la promesa de

Dios, su hijo nace. Luego, increíblemente, Dios le dice a Abraham que lleve a su hijo a la montaña y lo sacrifique para él.

Bueno, ¡eso sí que es un giro de la trama! Nunca puede dejar las sorpresas fuera de la ecuación cuando la historia viene de la Palabra de Dios. Así es como la historia comienza:

> Aconteció después de estas cosas, que probó Dios a Abraham, y le dijo: Abraham. Y él respondió: Heme aquí. Y dijo: Toma ahora tu hijo, tu único, Isaac, a quien amas, y vete a tierra de Moriah, y ofrécelo allí en holocausto sobre uno de los montes que yo te diré. Y Abraham se levantó muy de mañana, y enalbardó su asno, y tomó consigo dos siervos suyos, y a Isaac su hijo; y cortó leña para el holocausto, y se levantó, y fue al lugar que Dios le dijo. Al tercer día alzó Abraham sus ojos, y vio el lugar de lejos. Entonces dijo Abraham a sus siervos: Esperad aquí con el asno, y yo y el muchacho iremos hasta allí y adoraremos, y volveremos a vosotros. (Gn. 22:1-5)

Dios habló a Abraham y le dijo que llevara a Isaac, el hijo de la promesa y lo sacrificara como holocausto. La mente se repugna con el mandato de Dios. Pensamos: *Esto es asesinato*. En ningún otro lugar de la Biblia Dios demanda un sacrificio humano. (Los opositores de la Biblia citan a Jefté en Jueces 12 como un ejemplo de sacrifico humano en la Biblia, pero Dios no mandó a Jefté que cometiera tal acto. Ese fue el resultado del voto necio de Jefté, y no está claro cómo se llevó a cabo).

Desde un punto de vista humano, este es uno de los incidentes más desconcertantes en todas las Escrituras. Le confieso que yo no puedo comprenderlo totalmente. Al tomar esta historia al pie de la letra, sin intentar entender su significado más profundo, es fácil ver por qué los autores del nuevo ateísmo la escogerían para criticar. No niego las dificultades que supone este relato, pero hay un panorama más amplio en esta historia que los oponentes de la Biblia no entienden.

Este acontecimiento debe comprenderse en el contexto de la vida completa de Abraham, incluyendo las muchas ocasiones en que la fe de Abraham hubo flaqueado y fallado. Sin el entendimiento de la vida de Abraham, se vuelve fácil decir que esta es una historia acerca de un Dios cruel que le jugó una broma malévola a Abraham e Isaac. Pero el punto de esta historia es ilustrar lo lejos que había llegado Abraham en su fe. Primero Dios llamó a Abraham a salir de Ur de los caldeos unos cincuenta años antes. Esos cincuenta años fueron la escuela de la fe para Abraham. Es una escuela por la que todos pasamos en la vida cristiana. Abraham entró a la escuela de la fe cuando vivía en Ur y Dios le habló y le prometió hacer de él una gran nación.

Cuando Abraham respondió al llamado de Dios y partió hacia Canaán, entró a sus años de prescolar en la escuela de la fe. Se abrió camino a tientas a lo largo de esos primeros años, demostrando fe y obediencia cuando edificó un altar en Bet-el y falló miserablemente cuando se perdió en Egipto y le mintió al faraón. Cuando Dios lo guio fuera de Egipto y de regreso a la tierra de la promesa, Abraham se graduó del jardín de infantes de la escuela de la fe.

Más adelante, después de que Abraham rescató a Lot y dio una décima parte de su patrimonio a Melquisedec, rey de Salem, se graduó de la primaria en la escuela de la fe. Todavía tenía mucho que aprender y mucho por hacer. Se retrasó un año cuando intentó forzar el horario de Dios al procrear a Ismael con la criada de Sara. Años después, cuando Ismael era un adolescente y Abraham estaba en sus años de preparatoria en la escuela de la fe, Abraham invocó a Dios: «¡Que Ismael sea el hijo de la promesa! Ismael será. Estoy contento con conformarme con la segunda mejor opción». Pero Dios dijo no.

Abraham finalmente se graduó con una licenciatura de la Universidad de la Fe cuando confió en que Dios le daría un hijo de Sara. Cuando ese hijo nació, Abraham y Sara lo llamaron Isaac.

Incluso, aunque Abraham tenía su licenciatura, su educación no estaba completa. La fe es como un músculo, y solo crece cuando usted lo ejercita. Dios ha estado poniendo a Abraham en un programa de calistenia espiritual por casi cinco décadas. Ahora es tiempo de la prueba definitiva de fuerza para la fe de Abraham. Ahora su fe será desafiada en un nivel completamente nuevo. Abraham nunca ha enfrentado ningún reto a su fe como este.

En Génesis 22, vemos a Abraham en el programa de doctorado de la Universidad de la Fe de Dios. Un doctorado es el grado máximo que usted puede obtener, y Abraham está ganándose su doctorado al confiar en Dios. En un programa de doctorado, usted hace cinco exámenes después de tres o cuatro años de cursos. Cada examen dura cinco horas. Los llaman «exhaustivos», y tienen motivos. Como parte de un programa de doctorado, el candidato doctoral también escribe una disertación. Debe ser un trabajo original, no simplemente repetido de forma mecánica de fuentes secundarias. Cuando Abraham lleva a su hijo Isaac a aquella montaña está completando los requisitos finales para su programa doctoral. Cuando regrese de las montañas, será el Dr. Abraham.

Cómo nos habla esta historia

Dios llamó a Abraham y le dijo: «Toma ahora tu hijo, tu único, Isaac, a quien amas y vete a tierra de Moriah, y ofrécelo allí en holocausto sobre uno de los montes que yo te diré». Después de esos años de caminar con el Señor, Abraham conoce la voz de Dios. Está acostumbrado a escuchar esa voz. Pero esta vez, la voz de Dios hizo añicos su pacífica existencia. El mandato de Dios es como una daga en el corazón de Abraham. El mandamiento que Dios le da a Abraham es devastador. ¿Cómo puede Dios pedir esto del hombre al cual llama su amigo?

Note cuán claro, definitivo y específico es Dios: «Toma ahora tu hijo, tu único, Isaac, a quien amas». Dios quiere que no haya error. Está hablando del mismo hijo que Dios le dio a Abraham en cumplimiento a su promesa. Dios no estaba pidiendo a Ismael para ser sacrificado sino a Isaac, el niño llamado Risa. Para estar doblemente seguro de que no hay error en la intención de Dios, añade: «Tú único, a quien amas».

¿A dónde van? A una montaña en la región de Moriah. De acuerdo con 2 Crónicas 3:1, el monte del tempo en Jerusalén fue conocido como monte Moriah y es una de las montañas de la región de Moriah. Algunos eruditos sugieren que el lugar donde Dios le dijo a Abraham que sacrificara a Isaac pudo haber sido la colina que luego se conoció como Calvario, donde Jesús fue crucificado. Es fácil imaginar lo que Abraham pudo haber dicho cuando Dios le dijo que sacrificara a Isaac: «¿No puedo en su lugar ofrecerte cien carneros o cien cabezas de ganado, Señor? ¿No puedo ofrecerme a mí mismo? Ya he vivido lo suficiente, ¡ponme en el altar y mátame, Señor! ¿Recuerdas todas las obras milagrosas que has hecho, Señor? ¿Recuerdas cómo mis amigos y mis vecinos te dieron gloria por sus sorprendentes obras? ¡Si me pides esto, tu reputación será destruida, tu testimonio se arruinará!».

He aquí lo que me sorprende de esta historia: Abraham nunca dijo ninguna de esas cosas. Si lo hubiera hecho, estoy segura de que hubiera estado registrado en Génesis 22. Pero Abraham no objetó. No suplicó. No discutió. En cambio, obedeció. El texto nos dice que, temprano a la mañana siguiente, Abraham se levantó y se preparó para hacer el viaje a las montañas de Moriah. La Biblia nos dice que el mandamiento de Dios a Abraham era una prueba. Dios había bendecido ricamente a Abraham y Sara con un hijo prometido y esperado por un largo tiempo, Isaac. Algunas veces, los regalos y las bendiciones de Dios se vuelven tan queridas para nosotros que comienzan a tomar el lugar de Dios en nuestra vida. Quizá Dios quería hacer que Abraham se diera cuenta que Isaac estaba tomando el lugar de Dios en su vida. Él ya sabía el estado del corazón de Abraham, la profundidad de su fe, la condición de la amistad de Abraham con Dios. Esta prueba no tenía el propósito de decirle a Dios nada que Él no supiera ya. Tenía la intención de demostrar una verdad importante al propio Abraham. Él iba a darse cuenta cuánto confiaba realmente en Dios. Iba a hallar cuán fuerte era en realidad su fe en Dios.

Al mismo tiempo, Dios está hablándole a usted y a mí a través del ejemplo de Abraham. Permítame preguntarle esto: ¿Alguno de los regalos de Dios ha comenzado a tomar el lugar de Dios en su vida? ¿Alguna de las bendiciones de Dios ha comenzado a reemplazarlo a Él en sus pensamientos, su tiempo y sus afectos? Esas bendiciones pueden ser cosas materiales, formas en las que usted pasa su tiempo o incluso la gente en su vida. ¿Estaría dispuesto a «sacrificar» esos regalos, dejarlos, a fin de hacer de Dios la prioridad número uno de su vida una vez más?

La decisión lógica de Abraham

Por favor no se pierda el principal asunto de esta historia. Dios ha puesto muy en claro que va a venir salvación a través de Isaac. Por primera vez, Abraham ahora es confrontado con un conflicto, un gran conflicto entre las promesas de Dios y el mandato de Dios. ¿Cómo lo resolverá? Él puede concluir que Dios es un mentiroso que se retracta de sus promesas. O puede concluir que Dios es errático, caprichoso y no estaba seguro de sí mismo. Cualquiera de estas conclusiones sería devastadora.

Pero espere... hay otra posibilidad: Abraham puede simplemente confiar sin cuestionar. Un dios que miente y se retracta de sus promesas no es el Dios que él ha llegado a conocer y amar. Y el Dios que lo llama su amigo nunca ha sido errático o caprichoso en el pasado. El Shaddai siempre ha mantenido su palabra y siempre ha sido estable, formal y digno de confianza.

A pesar del aparente imposible mandato de Dios, Abraham toma la decisión de confiar en Dios. ¿Incluso si significa la muerte de Isaac y la revocación de todas las promesas de Dios a Abraham? Sí, Abraham seguiría confiando en Dios, sin importar lo que pasara.

No sabemos qué pasó por la mente de Abraham cuando Dios le dio este mandato. La Biblia no nos lo dice. Hay algunas pistas e indicios, pero ninguna aseveración definitiva de los pensamientos de Abraham. Encontramos una importante perspectiva del pensamiento de Abraham en la carta a los Hebreos en el Nuevo Testamento.

> Por la fe Abraham, cuando fue probado, ofreció a Isaac; y el que había recibido las promesas ofrecía su unigénito, habiéndosele dicho: En Isaac te será llamada descendencia; pensando que Dios es poderoso para levantar aun de entre los muertos, de donde, en sentido figurado, también le volvió a recibir (He. 11:17-19).

Abraham creyó que Dios resucitaría a Isaac. ¿Por qué creyó eso? Nadie había regresado nunca de los muertos antes. No había razón para que Abraham supusiera que Dios levantaría a Isaac de los muertos.

Creo que Abraham concluyó que Dios levantaría a Isaac por la simple razón de que confiaba en las promesas de Dios. Él había prometido dar a Abraham descendencia más numerosa que las estrellas del cielo y que esos descendientes vendrían a través de Isaac. El hijo de la promesa no podía tener descendientes si estaba muerto. Abraham, cuya fe había fallado en el pasado, había alcanzado un lugar en el que su fe en las promesas de Dios era absoluta e incondicional. Confiaba en esas promesas con tal certeza que cuando Dios le dijo que matara a su hijo, Isaac, Abraham no dudó. Abraham conocía la voz de Dios y confió en él implícitamente.

Un escéptico pudiera preguntar: «¿Cómo supo el escritor de Hebreos lo que estaba en la mente de Abraham? Hebreos se escribió dos mil años después de que Abraham murió». Eso es cierto, pero los escépticos de la Biblia lo miran en un nivel puramente humano. Creen que la Biblia es un libro compuesto por más de cuarenta escritores humanos. Los creyentes ven la Biblia como un libro con más de cuarenta escritores, pero un solo autor. (¡Un amigo mío dijo que cuando los escritores humanos escribieron la Biblia, el Espíritu Santo saltó a la tinta!). El Espíritu Santo es el autor de la Biblia. El mismo Espíritu que inspiró y dirigió la escritura de Génesis también inspiró y dirigió la escritura de Hebreos siglos después.

El escritor de Hebreos dijo que Abraham abrazó las promesas de Dios, y en vista de esas promesas, estaba «*pensando* que Dios es poderoso para levantar aun de entre los muertos». Note la palabra que enfatizo: pensando. Basado en sus experiencias pasadas con Dios y en su absoluta fe en sus promesas, Abraham alcanzó *una conclusión lógica y razonable* (apoyada por una vida de evidencias) de que iba a recibir a Isaac de regreso de entre los muertos.

Nadie, nunca antes, había sido levantado de los muertos... por otro lado, ninguna mujer nunca antes había tenido un bebé a los noventa. ¿Hay algo demasiado difícil para el Señor? Cuando usted mira al contexto completo de la vida entera de Abraham, su decisión de obedecer el mandato de Dios de sacrificar a Isaac ya no parece tan loco como los nuevos ateos quieren hacernos creer. De hecho, dada la fuerza de la fe de Abraham y la naturaleza única de su larga y cercana amistad con Dios, su decisión de obedecer fue una decisión razonada y lógica.

¿Dónde está el cordero?

Bien, con el beneficio a posteriori, sabemos que el mandamiento que Dios le dio a Abraham fue simplemente una prueba. Dios no tenía intención de permitir que Abraham matara a su hijo Isaac, pero Abraham no lo sabía. Y porque Abraham pasó esta prueba, Dios le permitió ver algo que nadie más había visto antes. A Abraham se le permitió ver, en convincentes términos simbólicos, cómo Dios planeó salvar a toda la raza humana.

Dios iba a hacer lo mismo que le perdonó a Abraham. Dios iba a sacrificar a su único Hijo. Iba a enviar a su Hijo a la tierra a morir en nuestro lugar, por nosotros, por nuestros pecados. Esa fue la intención de Dios todo el tiempo. Tenía la intención de que la historia del casi sacrificio de Isaac por parte de Abraham señalara a todos los descendientes de Isaac hacia un día futuro en el que Jesús, el Cordero de Dios, moriría por toda la humanidad. Unos dos mil años después, sobre una montaña en la región de Moriah, Dios ofreció a su único Hijo como sacrificio por nuestra salvación.

Uno de los momentos más desgarradores en esta historia enfatiza la conexión simbólica entre el sacrificio de Isaac y el sacrificio de Jesús el Mesías.

> Y tomó Abraham la leña del holocausto, y la puso sobre Isaac su hijo, y él tomó en su mano el fuego y el cuchillo; y fueron ambos juntos. Entonces habló Isaac a Abraham su padre, y dijo: Padre mío. Y él respondió: Heme aquí, mi hijo. Y él dijo: He aquí el fuego y la leña; mas ¿dónde está el cordero para el holocausto? Y respondió Abraham: Dios se proveerá de cordero para el holocausto, hijo mío. E iban juntos (Gn. 22:6-8).

Note que Abraham le pasó la leña a Isaac. Así que Isaac cargó la leña hasta el lugar en el que iba a ser sacrificado, tal como Jesús cargaría más adelante la cruz de madera en la cual sería crucificado. Isaac dijo: «¿Dónde está el cordero para el holocausto?». La pregunta de Isaac será respondida por la muerte de Jesús el Mesías, el Cordero de Dios, en la cruz del Calvario. Todos los sacrificios de animales en el Antiguo Testamento apuntaban al Cordero de Dios perfecto y sin pecado que fue asesinado en la cruz. La respuesta de Abraham a la pregunta de Isaac fue una palabra de profecía acerca de la venida de Jesús. Abraham dijo: «Dios se proveerá de cordero para el holocausto».

La pregunta que Isaac hizo: «¿Dónde está el cordero?», resonaría a través de las edades en lo que los escritores del Antiguo Testamento, uno tras otro, escribieron acerca de la llegada del Mesías. Isaías escribió:

> Angustiado él, y afligido, no abrió su boca; como cordero fue llevado al matadero; y como oveja delante de sus trasquiladores, enmudeció, y no abrió su boca. (Is. 53:7)

Siglo tras siglo, la pregunta «¿Dónde está el cordero?» quedó sin respuesta hasta que un hombre de Galilea llegó al río Jordán, llamando a la gente al arrepentimiento y bautizándola. Cuando Jesús de Nazaret se aproximaba, Juan dijo a toda la gente que le rodeaba: «He aquí el Cordero de Dios, que quita el pecado del mundo» (Juan 1:29).

Luego Juan dijo a la gente lo que había atestiguado:

> Vi al Espíritu que descendía del cielo como paloma, y permaneció sobre él. Y yo no le conocía; pero el que me envió a bautizar con agua, aquél me dijo: Sobre quien veas descender el Espíritu y que permanece sobre él, ése es el que bautiza con el Espíritu Santo. Y yo le vi, y he dado testimonio de que éste es el Hijo de Dios (vv. 32-24)

Esta fue la respuesta a la pregunta de Isaac. Este es el Cordero de Dios (Jesús) en quien Abraham creyó. Este es el Cordero de Dios (Jesús) a quien cada creyente fiel del Antiguo Testamento esperó. Este es el Cordero de Dios (Jesús) quien es nuestro pastor. Este es el Cordero de Dios (Jesús) quien es el único que puede limpiar nuestros pecados de culpa y vergüenza por su sangre derramada en la cruz. Y este es el Cordero de Dios (Jesús) quien vendrá otra vez, y puede venir en cualquier momento, incluso mientras usted está leyendo estas palabras, para juzgar a vivos y muertos.

Una historia de amor

Esta historia de Génesis 22 alcanza su crisis en el versículo 9 cuando Abraham procede a llevar a cabo el impensable mandato del Señor:

> Y cuando llegaron al lugar que Dios le había dicho, edificó allí Abraham un altar, y compuso la leña, y ató a Isaac su hijo, y lo puso en el altar sobre la leña. Y extendió Abraham su mano y tomó el cuchillo para degollar a su hijo. Entonces el ángel de Jehová le dio voces desde el cielo, y dijo: Abraham, Abraham. Y él respondió: Heme aquí. Y dijo: No extiendas tu mano sobre el muchacho, ni le hagas nada; porque ya conozco que temes a Dios, por cuanto no me rehusaste tu hijo, tu único. Entonces alzó Abraham sus ojos y miró, y he aquí a sus espaldas un carnero trabado en un zarzal por sus cuernos; y fue Abraham y tomó el carnero, y lo ofreció en holocausto en lugar de su hijo. Y llamó Abraham el nombre de aquel lugar, Jehová proveerá. Por tanto, se dice hoy: En el monte de Jehová será provisto (vv. 9-14).

Abraham llamó al lugar Jehová-jiréh, el Señor proveerá. Ese nombre es el mismo en los tres grandes idiomas del antiguo Medio Oriente: hebreo, arameo y árabe. Abraham literalmente estaba diciendo que Dios mismo proveería un Salvador. Dios mismo proveería una salida a este dilema entre su misericordia y su justicia. Dios mismo proveería una solución al dilema de la humanidad. Sin importar los tiempos duros y asuntos difíciles que usted pueda estar enfrentando justo ahora, Dios proveerá una salida. Él proveerá sanidad. Él proveerá vindicación. Él proveerá salvación.

¿Cómo podemos describir el amor de Dios? ¿Cómo podemos comprenderlo? ¿Cómo podemos medir su profundidad? La historia de Abraham e Isaac nos fue dada para ayudarnos a entender el amor de Dios por nosotros. Vemos el hecho que Abraham está a punto de cometer (la muerte de su propio hijo, el hijo de la promesa, su amado Isaac) y decimos: «¿Cómo puede un padre hacerle eso a su único hijo?».

Y entonces la comprensión nos golpea: eso es lo que el Padre hizo a su único Hijo. El Señor quiere que comprendamos lo que le costó enviar a Jesús para ser nuestro Salvador. Quiere que entendamos lo que significa sacrificar a su único Hijo en el altar de manera que otros puedan vivir para siempre. Si usted nunca ha mirado el sacrificio de Jesús desde la perspectiva de Dios el Padre, mire con atención esta historia de Génesis 22. Póngase usted en el lugar de Abraham... y en el lugar de Dios el Padre. Imagine el pavor y el horror que sentiría mirar a los ojos a su hijo mientras levanta el cuchillo sobre su pecho. Quizá incluso un ateo podría comenzar a comprender el significado y la importancia de esta historia. No es una historia de abuso infantil o de ciega obediencia, como los nuevos ateos han declarado. Esta es una historia de amor absoluto. Porque de tal manera amó Dios al mundo, que ha dado a su Hijo unigénito, esa es la realidad. La historia de Abraham e Isaac en una montaña en Moriah, esa es la sombra que señala hacia la realidad.

Y hay algo más acerca de la indómita fe de Abraham que no quiero que usted se pierda. Abraham les dice a sus sirvientes: «Esperad aquí con el asno, y yo y el muchacho iremos hasta allí y adoraremos, y volveremos a vosotros». Abraham les dijo a sus siervos que ambos iban a regresar.

Algunas personas leen estas palabras y asumen que Abraham les mintió a sus sirvientes. Sin embargo, no fue así. No mentiría mientras llevaba a cabo un acto de obediencia a Dios. Dijo a sus siervos exactamente lo que él creía que sucedería. Tuvo tal confianza en que Dios levantaría a Isaac de los muertos que hizo esta promesa a sus siervos: «Volveremos a vosotros».

La fe de Isaac

Y no nos olvidemos del importantísimo papel de Isaac en esta historia. La mayoría de los eruditos bíblicos ubican la edad de Isaac entre quince y treinta años en el tiempo de estos acontecimientos. Isaac era un joven fuerte, y Abraham ya estaba por arriba de los cien. Isaac pudo fácilmente haber vencido a su padre y huir. Pudo haber dicho: «Padre, ¿qué vas a hacer? ¡Ni lo sueñes, no vas a sacrificarme! ¡Me voy de aquí!». Y Abraham no hubiera podido detenerlo.

Yo creo que, una vez que Isaac comprendió lo que Abraham estaba a punto de hacer, se sometió voluntariamente, por su propia fe en Dios. Él conocía la historia de su propio nacimiento milagroso. Sabía de las promesas que Dios le había hecho a Abraham. Creo que Isaac se sometió a la muerte en ese altar de madera de la misma forma en que Jesús se sometió a la muerte en esa cruz de madera. Así que cuando un ateo se pregunta cómo un niño pudo recobrarse de tal trauma, yo digo que necesitamos darle más crédito a Isaac. De las palabras y ejemplo de Abraham, Isaac aprendió a confiar en Dios.

Abraham no tuvo que perseguir a Isaac y atarlo contra su voluntad. Isaac no estaba traumatizado, él fue obediente a la voluntad de Dios, tal como lo fue Abraham. Puedo imaginarme a Isaac tendiendo sus manos y diciendo: «Átame, Padre. Ata mis manos y pies. No tengo temor de la muerte. Solo tengo miedo de que pueda estremecerme, así que asegúrate que no pueda moverme, Padre. Encomiendo mi vida al Señor».

¿Cuántas veces declaramos amar al Señor, pero únicamente si no nos cuesta nada? Amamos al Señor si el precio es el adecuado. Amamos al Señor, pero rehusamos rendir todo a Él. Amamos al Señor, pero solamente si podemos quedarnos con todas sus bendiciones para nosotros. Amamos al Señor, pero solamente si no tenemos que renunciar a los ídolos de nuestra vida. Amamos al Señor, pero rehusamos renunciar a nuestras relaciones incorrectas, hábitos destructivos y placeres pecaminosos.

Isaac sabía que Dios había prometido que vendría salvación a través de sus descendientes. Él sabía que él era el hijo del milagro, el hijo de la promesa. Si usted es padre de familia, necesita estar consciente de que todo lo que enseña a sus hijos a través de sus palabras y su ejemplo está grabado en sus corazones. Que está marcado en su vida. Si llegan a vivir cien años, nunca olvidarán lo que usted les enseñó.

Abraham y Sara habían grabado fe y carácter en el corazón de Isaac, día tras día. Isaac había aprendido que podía confiar en su padre, y en el Dios de su padre. También creía que si moría, Dios lo levantaría otra vez.

Seis rasgos de obediencia

La obediencia de Abraham es educativa para nosotros como cristianos hoy. Dios no nos llamará a sacrificar a nuestros hijos, esa fue una prueba única para un santo único del Antiguo Testamento. Pero Dios puede llamarnos a hacer algo que parezca humanamente imposible. Puede llamarnos a compartir a Cristo con un vecino hostil y antipático. Puede llamarnos a intentar hacer las paces con un enemigo de mucho tiempo. Puede llamarnos para ser voluntarios para alcanzar a los niños necesitados de un vecindario duro. Puede llamarnos a ser amigos de un ateo o de un musulmán con la meta de testificarles de Jesús.

¿A qué cosas imposibles lo está llamando Dios a atreverse por su causa? ¿Está usted dispuesto y listo a obedecer su llamado? Si quiere ver cómo es la verdadera fe, como es la verdadera obediencia, mire atentamente la historia de la disposición de Abraham a obedecer a Dios y a sacrificar a Isaac. Mientras miramos esa historia, podemos identificar seis rasgos que caracterizan la obediencia de Abraham.

Rasgo #1: La obediencia de Abraham fue rápida

Dios lo llamó: «¡Abraham!» y él respondió instantáneamente: «Heme aquí, Señor». Dios le dio sus instrucciones para sacrificar a su hijo, y lo siguiente que leemos es: «Y Abraham se levantó muy de mañana». No la siguiente semana o mes, sino temprano en la mañana. Ese fue el patrón de la vida de Abraham una vez que su fe alcanzó la madurez. Cuando Dios le dijo a Abraham que circuncidara a todos los hombres de su casa, Abraham obedeció prontamente. Cuando Dios le dijo que dejara ir a Agar e Ismael, Abraham obedeció prontamente. Así que era natural que cuando Dios le dijo: «Ofréceme a tu hijo», Abraham obedeciera prontamente.

Rasgo #2: La obediencia de Abraham fue continua

La obediencia de Abraham perduró a lo largo del tiempo. Sí, atravesó etapas. Su fe algunas veces flaqueó o falló. Pero respondió en fe cuando Dios le llamó a salir de Ur de los caldeos, y mantuvo su fe y creció en fe a lo largo plazo. Finalmente, unos cincuenta años después de que Dios lo hubiera llamado, su fe había crecido al punto de que estaba dispuesto a obedecer, a Dios, rápidamente y sin discusión, cuando Dios llamó a Abraham a hacer lo impensable.

Rasgo #3: La obediencia de Abraham fue voluntaria

Nuestra obediencia es a menudo reticente. Sentimos el llamado de Dios, y sabemos que debemos obedecer. Pero decimos: «Señor, no estoy seguro de si es realmente tu voz. No estoy seguro si realmente quieres que comparta de Cristo con aquel hombre. No estoy seguro de que realmente quieras que le diga a mi amiga cristiana la dura verdad que necesita escuchar. No estoy seguro de que realmente me estés llamando a mantener una ética de negocios piadosa cuando hacerlo me costará miles de dólares». Cuando nuestra obediencia es puesta a prueba, somos reacios a obedecer.

Abraham demostró una obediencia dispuesta. Hizo lo que Dios mandó sin discusión o tardanza. Escuchó la voz de Dios y actuó. Vemos esta misma obediencia dispuesta en el huerto de Getsemaní cuando Jesús oró al Padre la noche anterior a ser crucificado: «Padre, si quieres, pasa de mí esta copa; pero no se haga mi voluntad, sino la tuya» (Lucas 22:42). Y Hebreos 10:7 nos dice que, cuando Jesús vino al mundo, le dijo al Padre: «He aquí que vengo, oh Dios, para hacer tu voluntad, como en el rollo del libro está escrito de mí».

Rasgo #4: La obediencia de Abraham fue decidida

Decimos que realmente queremos obedecer a Dios, y lo hacemos… por un rato. Renunciamos a ese hábito pecaminoso… hasta que nuestro compromiso se debilita o la tentación se intensifica. De buen gusto obedecemos a Dios y testificamos a la gente en la escuela o el trabajo o en el vecindario, pero entonces nos encontramos con la persona gruñona que se ofende por «toda esa plática de Jesús», y por temor a otro encuentro hostil, dejamos de testificar y dejamos de obedecer la Gran Comisión del Señor de difundir el evangelio. Queremos obedecer a Dios con nuestras finanzas, pero estamos ahorrando para unas vacaciones o el presupuesto está un poco apretado debido a la cuenta del veterinario, y en el primer rubro en el que decidimos economizar es en nuestras ofrendas al Señor.

Abraham no dejó que las circunstancias afectaran su obediencia. Si Dios decía: «Muévete de este lugar a aquel lugar», Abraham se movía. Si Dios decía: «Circuncida a todos los hombres de tu casa», él los circuncidaba. Si Dios decía: «Sacrifica a tu hijo Isaac», él se preparaba para sacrificar a su hijo. No decía: «Me gustaría obedecerte, Señor, pero las circunstancias han cambiado. Estas condiciones son diferentes. Tú comprendes por qué no puedo obedecerte esta vez». No, Abraham no dijo nada de eso. Su obediencia ya estaba decidida.

Rasgo #5: La obediencia de Abraham fue contagiosa

La fe de Abraham inspiró a otros a creer con todo el corazón y a confiar todo a Dios. Piense en los millones de creyentes en la historia del cristianismo que han leído la historia de Abraham y de su obediencia. Aunque estoy seguro de que nadie quisiera ser probado al máximo como Abraham lo fue, muchos han clamado: «Señor, quiero tener la fe de Abraham, una fe que es obediente a ti, pase lo que pase. Señor, así es como quiero que sea mi relación contigo». La fe de Abraham es inspiradora y contagiosa.

Rasgo #6: La obediencia de Abraham fue recompensada

Abraham obedeció, y su obediencia fue recompensada por Dios.

> Y llamó el ángel de Jehová a Abraham por segunda vez desde el cielo, y dijo: Por mí mismo he jurado, dice Jehová, que por cuanto has hecho esto, y no me has rehusado tu hijo, tu único hijo; de cierto te bendeciré, y multiplicaré tu descendencia como las estrellas del cielo y como la arena que está a la orilla del mar; y tu descendencia poseerá las puertas de sus

> enemigos. En tu simiente serán benditas todas las naciones de la tierra, por cuanto obedeciste a mi voz. (Gn. 22:15-18).

Dios una vez más reafirmó su pacto con Abraham. La obediencia no siempre es premiada de inmediato, pero siempre es recompensada. Abraham no fue recompensado instantáneamente, pero fue recompensado en abundancia. Y Dios no solo reafirmó su promesa pasada de que los descendientes de Abraham serían más numerosos que las estrellas del cielo. Esta vez, Dios también dio a Abraham una promesa adicional: haría a los descendientes de Abraham tan numerosos «como la arena que está a la orilla del mar».

Por favor no se pierda esto. La Biblia pone muy en claro que Dios es fiel, pero Dios también va a recompensar la fidelidad. Dios no será deudor de nadie. No estará en deuda con usted. Él recompensará su obediencia y lo cubrirá de bendiciones. Como el apóstol Pablo nos recuerda: «Y poderoso es Dios para hacer que abunde en vosotros toda gracia, a fin de que, teniendo siempre en todas las cosas todo lo suficiente, abundéis para toda buena obra» (2 Co. 9:8).

La obediencia de Jesús

Puede sorprenderle saber que Jesús fue recompensado por su obediencia en la tierra. Pablo escribió que Jesús «se humilló a sí mismo, haciéndose obediente hasta la muerte, y muerte de cruz».

Debido a su obediencia:

> [...] Dios también le exaltó hasta lo sumo, y le dio un nombre que es sobre todo nombre, para que en el nombre de

> Jesús se doble toda rodilla de los que están en los cielos, y en la tierra, y debajo de la tierra; y toda lengua confiese que Jesucristo es el Señor, para gloria de Dios Padre. (Fil. 9-11)

Jesús demostró la máxima forma de obediencia, y Dios le dio la máxima recompensa: exaltación y gloria a la diestra de Dios el Padre. Esta recompensa es el cumplimiento de una profecía del Antiguo Testamento acerca del Mesías.

> Me mostrarás la senda de la vida; en tu presencia hay plenitud de gozo; delicias a tu diestra para siempre (Salmos 16:11).

Jesús, el Hijo de Dios, ejemplificó la perfecta obediencia para usted y para mí. Vino del más alto lugar y descendió a lo más bajo; sufrió la agonía, la humillación y la soledad que provinieron de llevar nuestros pecados sobre él. Luego Dios el Padre «operó en Cristo, resucitándole de los muertos y sentándole a su diestra en los lugares celestiales, sobre todo principado y autoridad y poder y señorío, y sobre todo nombre que se nombra, no sólo en este siglo, sino también en el venidero» (Ef. 1:20, 21).

Un día, tal vez más pronto de lo que pensamos, vamos a escuchar a Jesús decir: «Y su señor le dijo: Bien, buen siervo y fiel; sobre poco has sido fiel, sobre mucho te pondré; entra en el gozo de tu señor» (Mt. 25:11). Y recibiremos la recompensa de nuestra fe y obediencia en esta vida.

Por su fe y obediencia, Abraham fue recompensado con la promesa de muchos descendientes, más numerosos que la arena de la orilla del mar. Sus descendientes están relacionados a él no solo por el ADN, sino por la fe. Su fe señaló hacia la llegada del Mesías. Nuestra fe mira hacia atrás a la muerte y resurrección del mismo Mesías. La disposición obediente de Abraham de sacrificar a su hijo Isaac señala hacia la disposición del Padre a sacrificar a su Hijo por amor a usted y a mí.

La promesa de la recompensa de Abraham se cumple incluso hoy. Usted y yo somos su recompensa, sus descendientes conforme a la fe. Cuando usted oró para recibir a Jesús como su Señor y Salvador, usted se unió a la familia de Abraham y se convirtió en una promesa cumplida más de las que Dios le dio cuando estaba en Ur de los caldeos.

A lo largo de la mayor parte de su vida, Abraham contó estrellas, aunque no podía ver ninguna. Hoy, las estrellas de Abraham están en todos lados, en cada nación, hablando cada idioma, todos adorando al mismo Dios que él adoró y alabando al mismo Señor Jesús que él esperó. Los descendientes de Abraham se cuentan por miles de millones. Son más numerosos que las estrellas del cielo. Y aquí hay una idea que debe traer lágrimas de gozo a nuestros ojos y desatar una onda de emoción por nuestra columna vertebral: usted y yo somos las estrellas de Abraham.

Notas

Capítulo 1: Siete promesas

1. Wikipedia, s.v. «Tycho Brahe» revisado 18 de marzo de 2019 https://en.wikipedia.org/wiki/TychoBrahe.
2. Ver Gn. 17:4–5.
3. Ver 2 Co. 3:18
4. Ver Gn. 31:19.
5. Ver Juan 15:18–25.
6. Ver Juan 8:56–59.
7. Ver John 1:1–3; Col. 1:15–17.

Capítulo 2: ¿Un peregrino o un vagabundo?

1. John Bunyan, *El progreso del peregrino,* Parte 1, sec. 216, Gutenberg Ebook, revisado 17 de marzo de 2019 https://www.gutenberg.org/files/131/131-h/131-h.htm.
2. Bunyan, *El progreso del peregrino*, sec. 221.

3. Ver esp. Heb. 11:8–13.
4. Tamara M. Green, *The City of the Moon God: Religious Traditions of Harran* (New York: Brill, 1992), 21.
5. Michael Catt, *The Power of Surrender: Breaking Through to Revival* (Nashville, B&H, 2010), 105.
6. Charles Simpson, *Walking in the Footsteps of David Wilkerson: The Journey and Reflections of a Spiritual Son* (Shippensburg, PA: Destiny Image, 2018), 175.
7. Watchmen on the Wall, «Prayer Targets: NDP; Military Sexual Assault, Low Morale, Women in Combat; SCOTUS, Israel; More», Family Research Council, 6 de marzo de 2015, https://www.frc.org/get.cfm?i=PW15E01.
8. Watchmen on the Wall, «Prayer Targets».
9. Watchmen on the Wall, «Prayer Targets».

Capítulo 3: Falta de fe

1. David Roper, «God Loves You», sermón predicado en Peninsula Bible Church, Palo Alto, California, 2 de noviembre de 1975, *LDolphin.org*, 7 de septiembre de 2000, http://ldolphin.org/roper/malachi/pdf/3445.pdf.
2. Mark Hopkins, «The Down-Grade Controversy», Christian History Institute, revisado el 17 de marzo de 2019, https://christianhistoryinstitute.org/magazine/article/down-grade-controversy.

Capítulo 4: La promesa de Dios renovada

1. Associated Press, «The Recluse», *News-Press* (Ft. Myers, FL), 9 de enero de 1978, 13.
2. Ver Mat. 26:17–29.
3. Ashton Applewhite, William R. Evans III, y Andrew Frothingham, *And I Quote: The Definitive Collection of Quotes, Sayings, and Jokes for the Contemporary Speech Maker* (New York: St. Martin's Press, 1992), 124.

Capítulo 5: El Dios que hace pactos

1. Antonia Fraser, *Cromwell: The Lord Protector* (New York: Grove Press, 1973), 38.
2. William Fields, *The Scrap-Book: Consisting of Tales and Anecdotes, Biographical, Historical, Patriotic, Moral, Religious, and Sentimental Pieces in Prose and Poetry* (Philadelphia: Lippincott, 1857), 540.
3. Chantal Wright, *Literary Translation* (New York: Routledge, 2016), 30.
4. Ver Rom. 8:31–39.

Capítulo 6: El capítulo del fracaso

1. James Barron, «Train Kills 9 Teen-Agerson L.I. as Van Goes Past Crossing Gate», *New York Times*, 15 de marzo de 1982, https://www.nytimes.com/1982/03/15/nyregion/train-kills-9-teen-agers-on-li-as-van-goes-past-crossing-gate.html.

Capítulo 7: El silencio de Dios

1. Ver Lucas 18:1–8.

Capítulo 8: El amigo de Dios

1. Ver Gn. 5:24; Heb. 11:5.
2. Jeffrey S. Nevid y Spencer A. Rathus, *Psychology and the Challenges of Life, Binder Ready Version: Adjustment and Growth* (Hoboken, NJ: Wiley, 2016), 344.
3. Ver Mat. 5:13–16.
4. Ver Mat. 24, esp. v. 8.

Capítulo 9: El nacimiento de la risa

1. Norman Cousins, *Head First: The Biology of Hope and the Healing Power of the Human Spirit* (Nueva York: Penguin, 1989), 126.
2. Federation of American Societies for Experimental Biology, «Body's Response to Repetitive Laughter Is Similar to the Effect of Repetitive Exercise, Study Finds»," ScienceDaily,

26 de abril de 2010, https://www.sciencedaily.com/releases/2010/04/100426113058.htm.

3. Michal Kranz, «Polls Show That Republicans and Democrats Are More Divided Than Ever Before», Business Insider, 6 de octubre 2017, https://www.businessinsider.com/pew-research-polls-democrats-republicans-divided-2017-10.

Capítulo 10: Las estrellas de Abraham

1. Sam Harris, *Letter to a Christian Nation* (Nueva York: Knopf, 2006), ix.
2. Ver Mat. 5:9, 43–45.
3. Qur'an 8:12, The Quranic Arabic Corpus, Shakir translation, revisado el 30 de enero de 2019, http://corpus.quran.com/translation.jsp?chapter=8&verse=12.
4. Qur'an 9:29, The Quranic Arabic Corpus, Shakir translation, revisado el 30 de enero de 2019, http://corpus.quran.com/translation.jsp?chapter=9&verse=29.
5. Richard Dawkins, *The God Delusion* (Nueva York: Houghton Mifflin, 2008), cap. 9: «Childhood, Abuse and the Escape from Religion», especialmente su discusión acerca de Amnesty Lecture de Nicholas Humphrey, 1997, pp. 366–79.
6. Christopher Hitchens, *god Is Not Great: How Religion Poisons Everything* (Nueva York: Twelve/Hachette, 2007), 207.
7. Dawkins, *The God Delusion*, 274.
8. Dawkins, *The God Delusion*, 274–75.